愛しのベビーウェア
出産準備からよちよち歩きまで

月居良子

文化出版局

Contents

お宮参りセット…5…38
作り方
- ① レースオーガンジーのケープ
- ② レースキルト地のロングベスト
- ③ レースのツーウェードレス
- ④ ボンネット

お披露目ドレス…8…44
- ⑤ ピンタックベビードレス
- ⑥ 肩フリルエプロン
- ⑦ ボンネット

ベビードレス…10…48、83
- ⑧ ギンガムチェックのベビードレス
- ⑨ リボンのスタイ
- ⑩ くま柄テープのベビードレス
- ⑪ 小花フリルのベビードレス

ジャージーセット…12…52
- ⑫ ツーウェードレス
- ⑬ キルト地のベスト
- ⑭ 2枚はぎの帽子
- ⑮ キルト地のおくるみ

カバーオールセット…14…55
- ⑯ ピンクジャージーのカバーオール
- ⑰ ピンクジャージーのリバーシブルベスト
- ⑱ ピンクジャージーのスカラップスタイ
- ⑲ ブルージャージーのカバーオール
- ⑳ ブルージャージーのリバーシブルベスト
- ㉑ ブルージャージーのスタイ

タオルの出産準備セット…16…59
- ㉒ 女の子のフリルきもの
- ㉓ 男の子のフリルきもの
- ㉔ わた入りちゃんちゃんこ
- ㉕ 短肌着
- ㉖ フリル短肌着
- ㉗ 長肌着
- ㉘ パンツ

手ぬぐいじんべえ…18…64
- ㉙ じんべえ
- ㉚ パンツ
- ㉛ 袖なしじんべえ
- ㉜ パンツ

ロンパース、帽子…20…67
- ㉝ ギンガムチェックのロンパース
- ㉞ ギンガムチェックの帽子
- ㉟ フリルロンパース
- ㊱ フリル帽子

スモック＆ブルーマーズ…22…70
- ㊲ ピンクのスモック
- ㊳ フリルつきブルーマーズ
- ㊴ オレンジのスモック
- ㊵ オレンジチェックのブルーマーズ

デニムセット…24…73
- ㊶ パーカ
- ㊷ 股あきサロペット
- ㊸ スカートつきロンパース
- ㊹ 耳つき帽子

ふわふわマント…26…77
- ㊺ ファーテープのまっ白マント
- ㊻ 赤のフリンジマント

スリーパー…28…80
- ㊼ フリースのスリーパー

バギーマット…29…80
- ㊽ くまさんのバギーマット

かわいいスタイ…30…83
- ㊾ 刺しゅうのスタイ
- ㊿ お食事エプロン

How to Make…31

Message

赤ちゃん誕生を待つお母さんの幸せな気持ちをこめて、ぜひ作ってほしいベビーウェアの本です。誕生からよちよち歩きの18か月ぐらいまでの赤ちゃんの月齢や、シーズンに合わせて、きめ細かくアイテムを考えました。例えば夏生れの赤ちゃんには涼しく、冬生れの赤ちゃんには暖かくお宮参りができるように、などの配慮をしました。出産間近になると、ミシンかけはあまりおすすめできませんので、ミシンで作るものは早めに準備しましょう。手縫いでできる肌着やきものは、じっくり作ってください。特に手縫いは気持ちを穏やかにするので、赤ちゃんのためにもおすすめです。愛情のこもった手作りウェアで育つ赤ちゃんは、幸せに包まれてきっとすくすく育つにちがいありません。お母さんとともにベビー誕生の日を心待ちにしています。

Lovely Baby

愛らしくも気品のあるお宮参りケープ

① ケープ…作り方38ページ

布地／ニクルス　リース／クードル

Lovely Baby

布地／ニクルス　額／クードル　クッションのオルゴール／アンジェリコ

② ③ ④
お宮参りセット…作り方38ページ

新米ママも上手に抱っこ
着せやすくて華やかなお宮参りセット

どうぞよろしく
愛情いっぱいのお披露目ドレス

5 6 7
ベビードレス、エプロン、ボンネット…作り方44ページ

布地／有輪商店　ハートのボックス／アンジェリコ　ベビーシューズ／クードル

Lovely Baby

生まれたときからおしゃれさん
毎日お着替えベビードレス

8 9 10 11
ベビードレス、スタイ…作り方48、83ページ

布地／ニクルス　写真立て／アンジェリコ

Lovely Baby

🔴12 🔴13 🔴14 🔴15
ツーウェードレス、ベスト、帽子、おくるみ…作り方52ページ

秋冬生れのベビーに用意したい
やさしい肌ざわりのジャージーセット

16 17 18 19 20 21
カバーオール、ベスト、スタイ…作り方55ページ

小物もおそろい
はいはい上手のカバーオールセット

布地／ニクルス　刺しゅう額／クードル

Lovely Baby

布地／ニクルス　ボックス、哺乳瓶カバー、きんちゃく／アンジェリコ

22　23　24　25　26　27　28
きもの、ちゃんちゃんこ、肌着、パンツ…作り方59ページ

Lovely Baby

これだけ作ればもう安心
早く着せたい
伝統柄のタオルで出産準備セット

初めての夏は
手ぬぐいじんべえで涼しく快適に

㉙ ㉚ ㉛ ㉜
じんべえ、パンツ…作り方64ページ

Lovely Baby

33 34 35 36
ロンパース、帽子…作り方67ページ

布地／ニクルス

Lovely Baby

お座りできたらすぐ着せたい プリティロンパース

笑顔がお似合い、イタリアンカラーの
スモック＆ブルーマーズ

Lovely Baby

37 38 39 40
スモック、ブルーマーズ…作り方70ページ

布地／ニクルス　カップ、おしゃぶり、ハンガー、ハンガーラック／グランドール

Lovely Baby

布地／ニクルス

立っちができたら着せたい
生意気デニムセット

㊶ ㊷ ㊸ ㊹
パーカ、サロペット、ロンパース、帽子…作り方73ページ

冬のお出かけ必需品、ふわふわマント

Lovely Baby

㊺ ㊻
マント…作り方77ページ

もこもこあったかスリーパー

47 スリーパー…作り方80ページ

くまさんと一緒
散歩が楽しいバギーマット

48 バギーマット…作り方80ページ

Lovely Baby

48の布地／ニクルス　バギー／アップリカ

Lovely Baby

たくさん作ろう、かわいいスタイ

49 **50** スタイ…作り方83ページ

布地／ニクルス　アルバム／アンジェリコ　ぬいぐるみ／グランドール

How to Make

手縫い❶ じんべえを作る

おくみをつける

1 前身頃とおくみを縫い合わせる。

2 広いほうの縫い代を0.5cm折り、アイロンで押さえる。

3 縫い目のきわから縫い代をおくみ側に折り、アイロンをかけてピンで止める。

4 折った縫い代をくける。糸を縫い代の間をくぐらせるようにして針を出し、縫い止めていく。これを折伏せ縫いという。

袖を作る

1 袖下を縫い合わせる。縫い代幅は2cm。

2 片方の縫い代を1cmカットする。ここもおくみつけと同じように、折伏せ縫いにする。

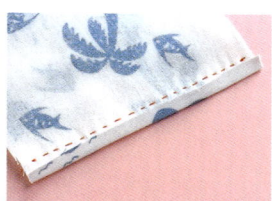

3 広いほうの縫い代を折り、アイロンをかける。

4 おくみつけと同じようにくける。左右の袖とも、前袖側に縫い代を折って、仕上げる。

脇を縫う

1 脇を縫う。写真のように持って、運針の要領で縫う。

2 4〜5cmごとに返し縫いをする。糸を引きすぎないように気をつけて。

前端と裾を仕上げる

1 前端と裾を三つ折りにしてアイロンをかける。角は写真のようにカットする。

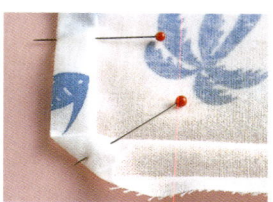

2 前端を三つ折りにしてピンで止め、角は三角に折り上げる。

3 裾をまず1cm折る。アイロンで折ってあるので簡単にきれいにできる。

4 裾をもう一度折り、三つ折りにする。こうすると角がきれいに整う。これを額縁仕立てという。

5 裾と前端をまつる。折伏せ縫いのときのようにくけてもいい。

衿を作る

衿を出来上り幅に折り、縫い代1cmはかぶせるように折る。こうしておくとつけやすく、仕上りもきれい。

肩揚げ

1 肩上げをする。縫い方は2目落しという縫い方。表に出る目がそろうように気をつけて。

2 2目落しの縫い方を裏から見たところ。長い針目は2cmぐらい。2目小さくすくうので、2目落しと呼ぶ。

バイアステープ❶
衿ぐりのパイピング

1 裏身頃側からバイアステープをつける。衿ぐりカーブの場合はテープを伸ばしぎみにつける。

2 表身頃側に返してアイロンでテープをカーブになじませ、熱接着糸があれば接着しておく。

3 両端を出来上りに折って、ミシンをかける。

手縫い❷
袋縫い

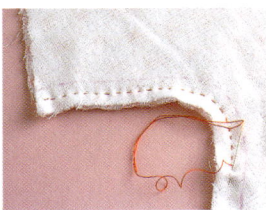 

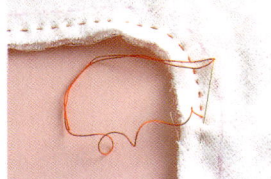 

1 中表にして0.7cm幅で縫い合わせる。カーブのところは少し伸ばしながら縫う。

2 縫い代を0.5cmくらいにカットする。

3 縫い目のところから折り、表に返してアイロンで押さえる。

4 出来上り位置を表から縫う。赤ちゃん用なので縫い代を外側にして着る。

バイアステープ❷
パンツの裏バイアス始末

 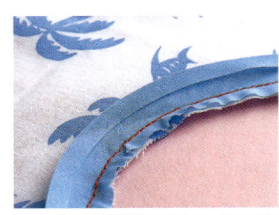

1 表側からバイアステープをつける。カーブのところは衿ぐりの場合とは異なり、テープを伸ばすのではなく、テープの外側が浮かないようにして、つける部分に余分を持たせてつける。

2 外側のカーブをなじませながらピンで止める。

3 カーブの縫い代は、写真のように少し波打つようになる。このとき気をつけたい点は、ミシンをかける部分にしわが寄らないようにすること。

4 縫い代に切込みを入れ、テープを表に返し、アイロンでカーブになじませ、パンツの両脇を縫い合わせてからテープをつける。テープの両端は1cm折り、ゴムテープ通し口にする。

股あきの縫い方 ❶
ロンパース

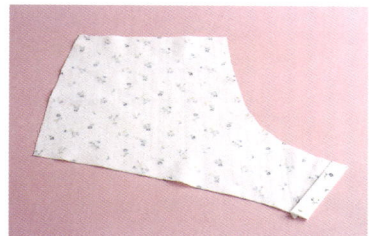
3 後ろパンツの股下は、持出しに接着芯をはる。

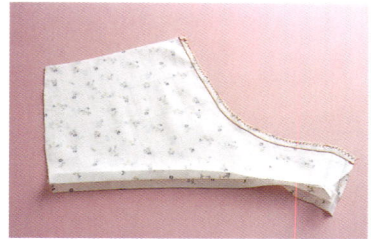
8 後ろ股上も同じように縫い合わせる。

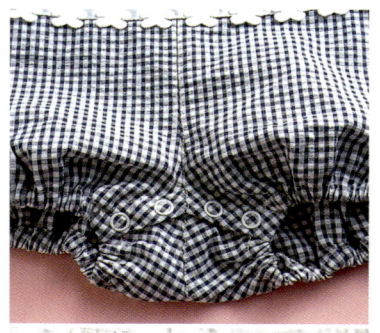

4 裾口を1cm幅の三つ折りにする。

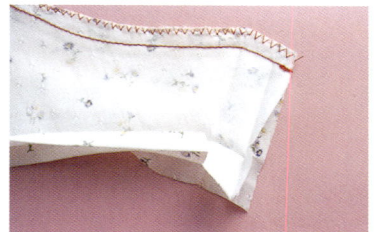
9 前パンツの裾と同じように、三つ折りにした折り代に切込みを入れる。

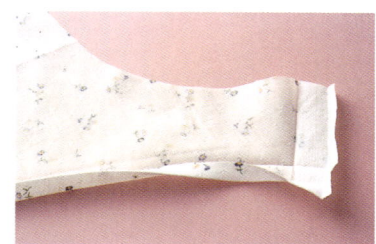
5 後ろパンツの裾口も1cm幅の三つ折りにする。

10 見返し、持出しをそれぞれ表側に折り返し、裾口を写真のように縫う。

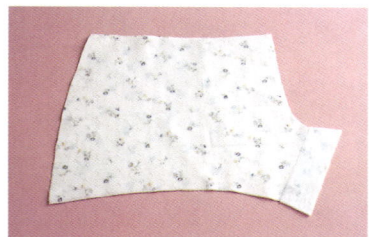
1 前パンツ股下の見返しに接着芯をはる。

6 裾口の三つ折りの折り代に、写真のように切込みを入れる。

11 見返し、または持出しの出来上り線のところで、股上の縫い代に切込みを入れる。

2 見返しを出来上り（1.5cm幅）に折る。

7 股上を縫い合わせる。これは前股上を縫い合わせたところ。

12 見返しを出来上りに折る。このとき股上の縫い代は切込みを入れたところからそれぞれ逆に折る。

13 脇を縫い合わせ、三つ折りにした裾口にミシンをかける。見返しと持出しの折返しにはミシンをかけないように気をつける。

14 裾口にゴムテープを入れる。ゴムテープの長さは20～25cm。あらかじめベビーのサイズをはかるといい。

15 見返しと持出しを縫いつけると同時に、ゴムテープを縫い止める。

● スナップボタン。キャップタイプは重くなるので、リングタイプ（直径1.1cm）がいい。

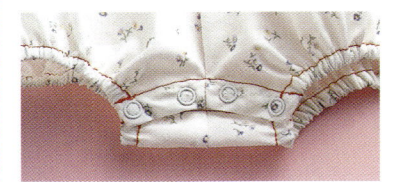

16 スナップボタンをつける。これで股あきの出来上り。

股あきの縫い方❷
ファスナップ

● ファスナップ。2.5cm幅なので、ファスナー押えを使わなくてもつけられる。股あきだけでなく、上着の前あきや、肩あきも簡単に作ることができて、ベビーウェアにぴったりの副素材。

1 股上を縫った前パンツ、後ろパンツの股下縫い代（1cm）を出来上りに折る。前は裏側に、後ろは表側に折る。

2 両脇を縫い合わせ、縫い代は2枚合わせてジグザグミシンをかける。裾口を1.5cm幅の出来上りに三つ折りにする。

3 裾の三つ折りにミシンをかける。あらかじめアイロンで折ってあるので、ミシンが楽にかけられる。

4 前パンツにファスナップをつける。このとき、左右対称になるようにピンで止めてからミシンをかける。スナップは凹のほうをつける。

5 対のテープをはめてから、後ろパンツのつけ位置にテープをピンで止める。

6 股あきの出来上り。前後でつけ側が違うので、この点を注意してつけること。スナップボタンより簡単につけられて、しかもすっきり仕上がる。

ギャザーの寄せ方

1 スカートの縫い代に大きい針目のミシンを2本かける。

2 スカートと身頃の合い印を合わせてピンで止め、スカートの糸を引き、ギャザーを寄せる。ギャザーは均等に寄るように気をつける。

3 身頃のほうから見たところ。合い印は裁断したら、忘れずに入れておくこと。

4 縫い合わせる。目打ちでギャザーを均等に寄せながらミシンをかけると上手にできる。

5 身頃とスカートをはぎ合わせたところ。縫い代は2枚合わせてジグザグミシンをかける。

6 表からステッチをかけて縫い代を押さえる。

7 衿のフリル端は0.5cm幅の三つ折りにし、縫い代(カーブしたほう)には大きい針目のミシンを2本かける。

8 糸を引き、ギャザーを寄せる。後ろ中心、肩に合い印を入れておく。

9 フリルと身頃の合い印を合わせてピンで止め、衿ぐり寸法に合わせてフリルにギャザーを寄せ、ミシンでつける。

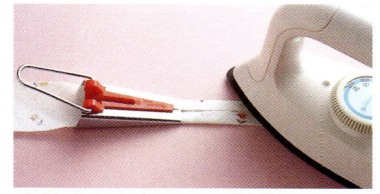

10 共布バイアステープを作る。3.5cm幅のバイアステープを裁ち、1.8cm幅のテープメーカーを使って両端を折る。テープメーカーがない場合はそのままでいい。

11 裏側からバイアステープをつける。カーブ部分のテープは伸ばしぎみにつけるときれい。

12 テープメーカーがない場合は、0.9cm幅で縫い合わせる。フリルをあらかじめつけてあるので、テープがつけやすい。

13 テープを表に返して出来上がりに折り、ステッチをかける(パイピング始末)。フリルをつけない場合の衿ぐりパイピングも同じ方法。

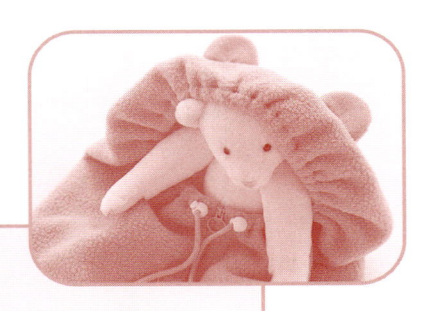

作り始める前に

じんべえとフリルやリボンなどの直線のもの以外は、実物大パターンがついています。裁合せ図はサイズによって多少異なりますが、掲載されている図を参考にしてください。作り方図と、32ページからのプロセス写真をあわせてご覧いただければ、ソーイング初めての方でも作れます。70〜90cmの実物大パターンのサイズは、下の表のとおりです。赤ちゃんのサイズに合わせて型紙を選んで作ってください。

参考寸法表 (単位 cm)

サイズ \ 部位	バスト	ウエスト	背丈	袖丈
70	45	42	18	21
75	47.5	44	19.5	23.5
80	47	46	21	25
90	51	48	23	28

❶❷❸❹ お宮参りセット　5ページ

材料
❶ ケープ
- 刺しゅうオーガンジー120cm幅2m50cm ●サテンリボン2.5cm幅1m20cm ●サテンバイアステープ1.2cm幅

❷ ロングベスト
- レースキルト地105cm幅90cm ●バイアステープ1.2cm幅（袖ぐり用）、1.8cm幅（ボー、フリル、衿ぐり、前端、裾用）●綿テープ2.5cm幅1m10cm

❸❹ ツーウェードレス、ボンネット
- レース地110cm幅1m50cm ●スナップボタン直径1.1cmを12組み ●8コールのゴムテープ70cm

作り方ポイント
ケープは透ける布地なので、縫い代幅をそろえて仕立てると仕上りがきれい。脇は袋縫いにする。ロングベストの袖ぐりはフリルをつけ、バイアステープで始末する。ツーウェードレスの肩、脇の縫い代は図のように2枚合わせてジグザグミシンをかけて始末する。

裁合せ図

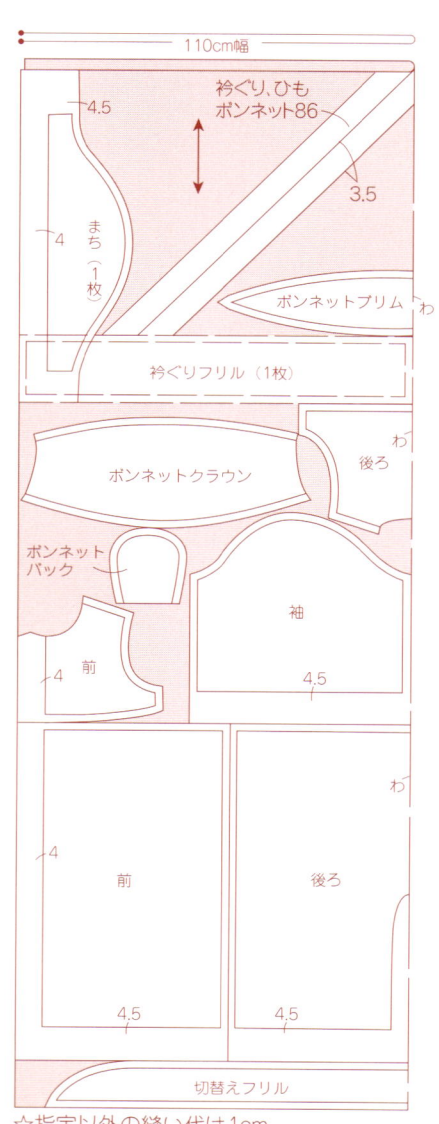

❸
- ❶ 脇を縫う
- ❷ フリルをつける
- ❸ まちをつける
- ❹ 肩を縫う
- ❺ 裾口を仕上げる
- ❻ あきを仕上げる
- ❼ 袖をつける
- ❽ フリルをつける
- ❾ スナップボタンをつける

❹
- ❶ プリムをつける
- ❷ バックをつける
- ❸ ひもをつける

☆指定以外の縫い代は1cm

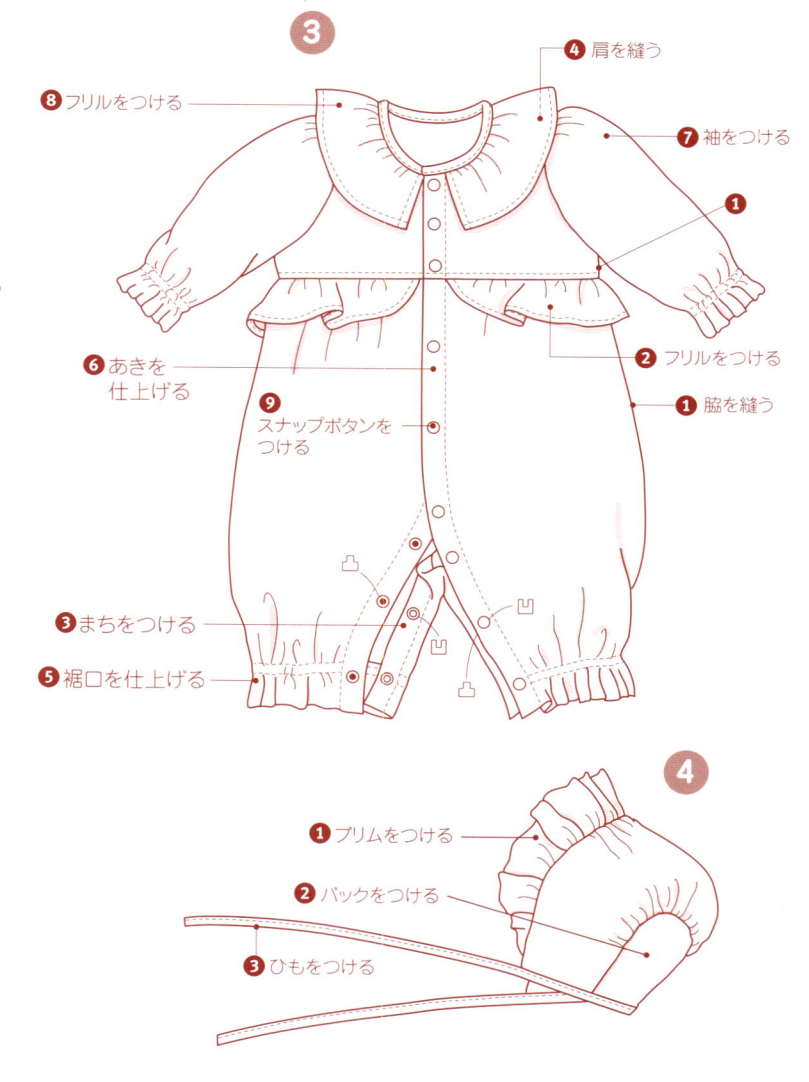

切替えフリルのつけ方

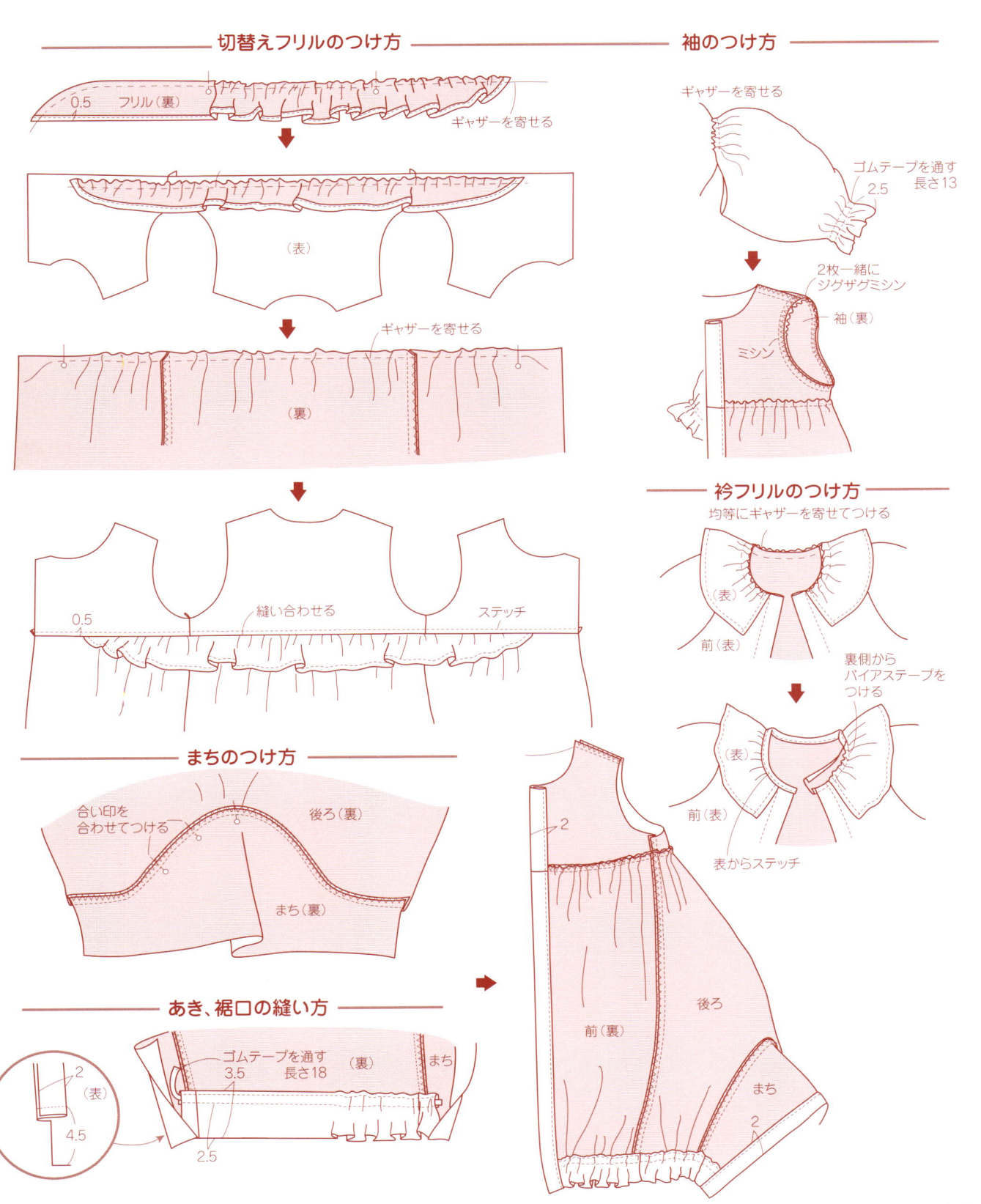

0.5　フリル（裏）　ギャザーを寄せる

（表）

ギャザーを寄せる

（裏）

0.5　縫い合わせる　ステッチ

まちのつけ方

合い印を合わせてつける　後ろ（裏）

まち（裏）

あき、裾口の縫い方

2　（表）　4.5

ゴムテープを通す　3.5　長さ18　（裏）　まち

2.5

袖のつけ方

ギャザーを寄せる

ゴムテープを通す　2.5　長さ13

2枚一緒にジグザグミシン

袖（裏）

ミシン

衿フリルのつけ方

均等にギャザーを寄せてつける

（表）　前（表）

裏側からバイアステープをつける

（表）　前（表）

表からステッチ

2　後ろ　前（裏）　まち　2

裁合せ図

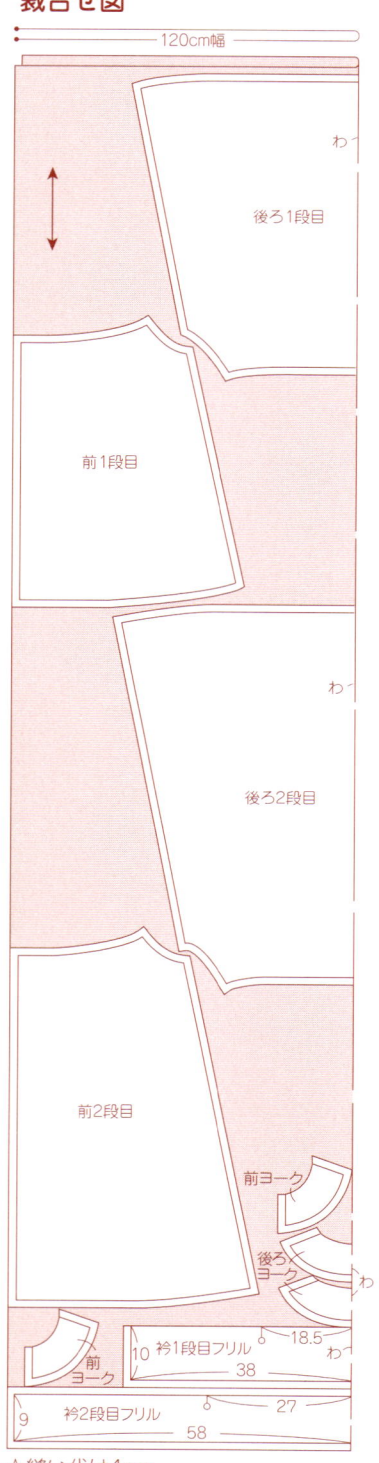

120cm幅

後ろ1段目
前1段目
後ろ2段目
前2段目
前ヨーク
後ろヨーク
前ヨーク
10 衿1段目フリル　18.5
38
9 衿2段目フリル　27
58

わ

☆縫い代は1cm

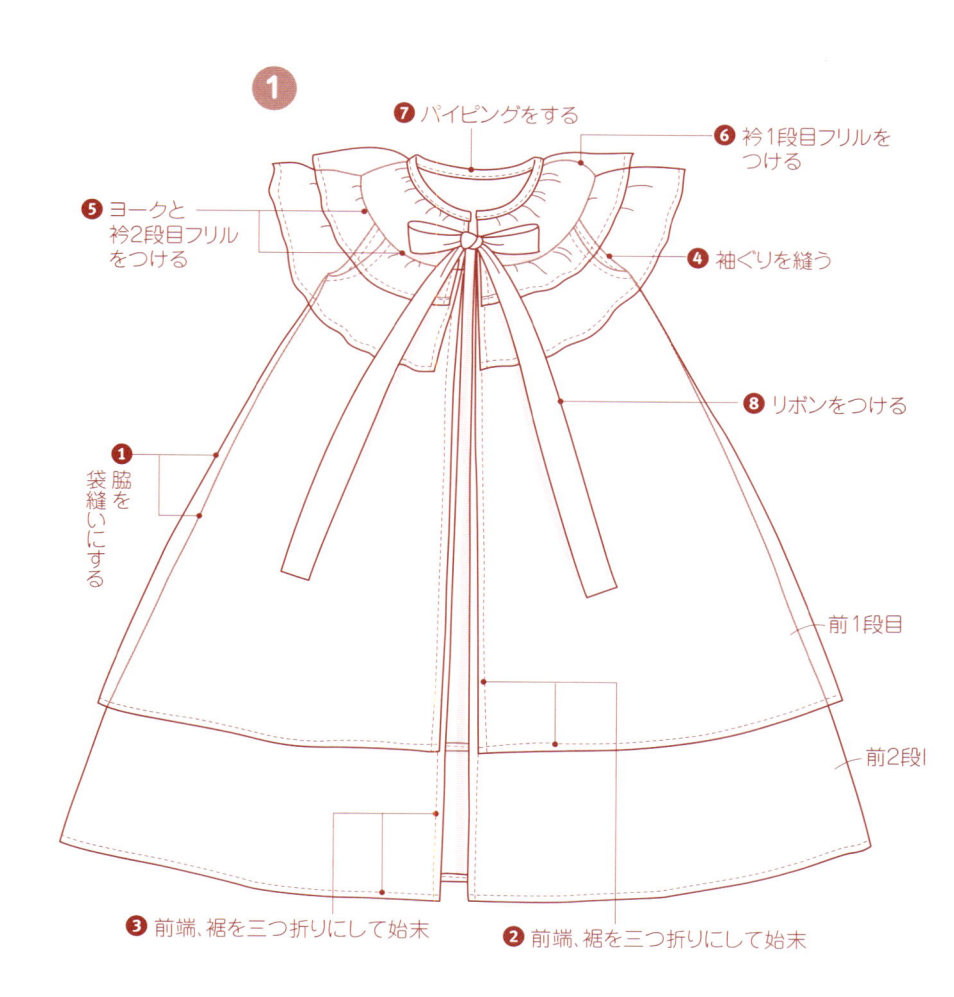

①

- ❼ パイピングをする
- ❻ 衿1段目フリルをつける
- ❺ ヨークと衿2段目フリルをつける
- ❹ 袖ぐりを縫う
- ❽ リボンをつける
- ❶ 脇を袋縫いにする
- ❸ 前端、裾を三つ折りにして始末
- ❷ 前端、裾を三つ折りにして始末
- 前1段目
- 前2段目

身頃の縫い方

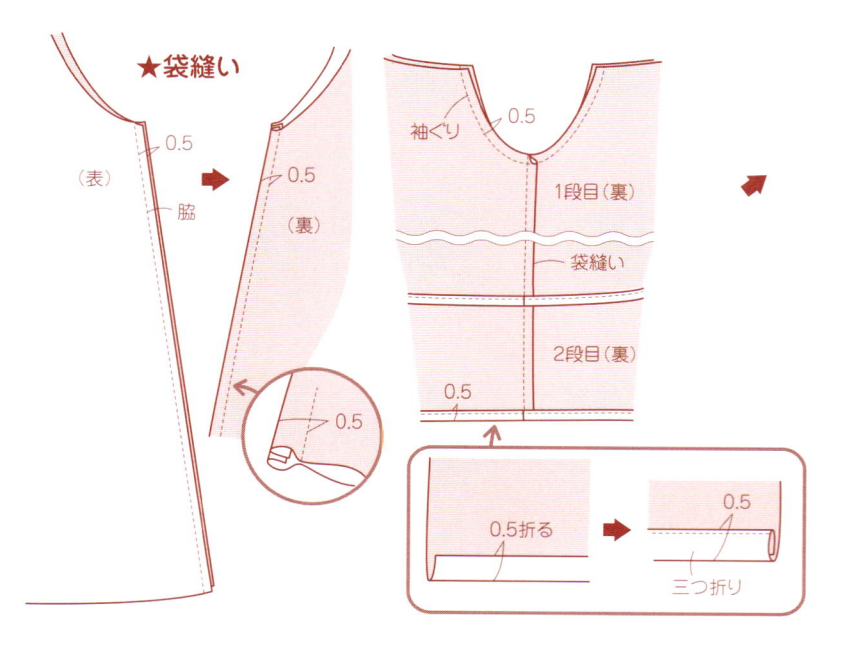

★袋縫い

(表) 脇　0.5
0.5 (裏)
0.5

袖ぐり　0.5
1段目(裏)
袋縫い
2段目(裏)
0.5

0.5折る → 0.5 三つ折り

40

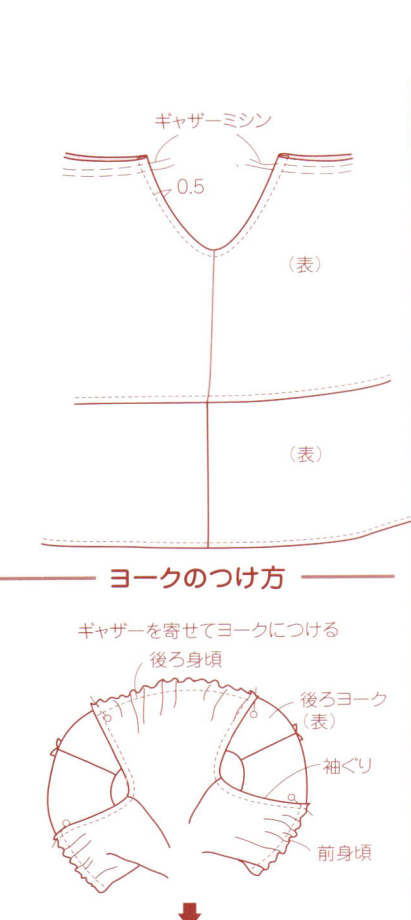

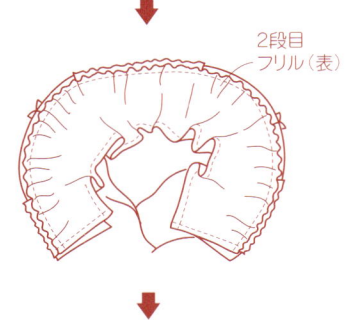

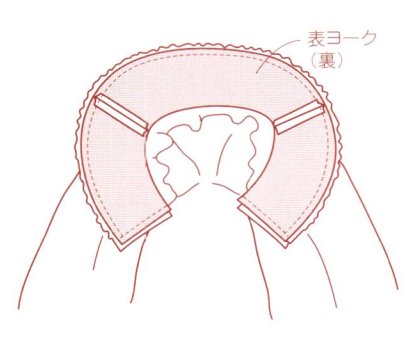

衿ぐりフリルのつけ方

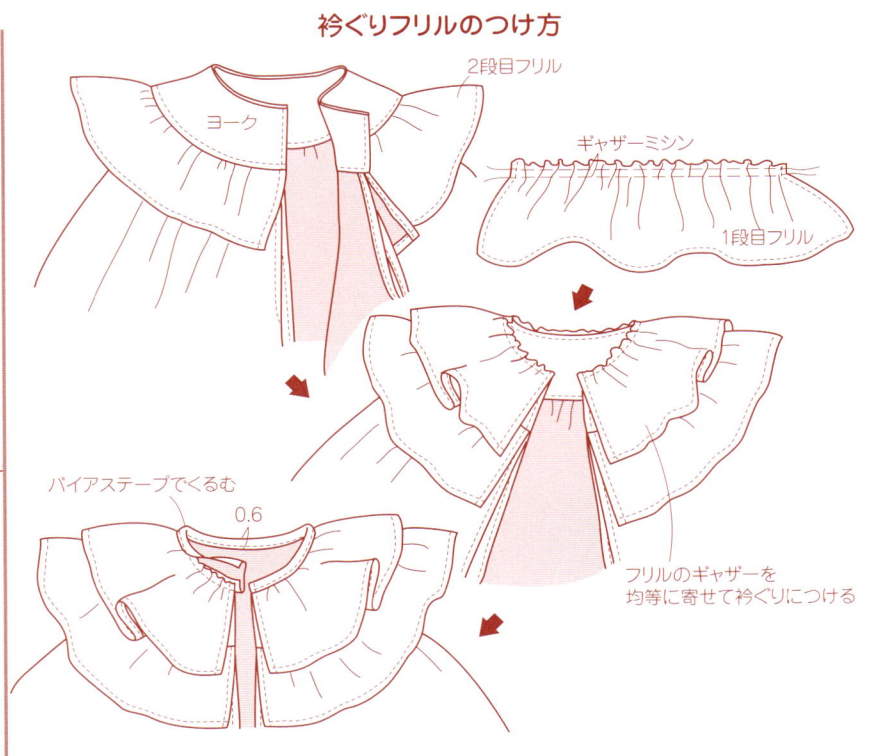

ギャザーミシン
0.5
(表)
(表)

2段目フリル
ヨーク
ギャザーミシン
1段目フリル

バイアステープでくるむ
0.6

フリルのギャザーを均等に寄せて衿ぐりにつける

ヨークのつけ方

ギャザーを寄せてヨークにつける
後ろ身頃
後ろヨーク(表)
袖ぐり
前身頃

2段目フリル(表)

表ヨーク(裏)

ボンネットの作り方

プリム
わ
大きい針目のミシン

つけ寸法までギャザーを寄せる

9ギャザー
前
クラウン

重ねて縫う
1
クラウン(裏)
クラウン(表)

0.8
プリム
クラウン(表)

(表)
ギャザーを寄せる

0.8
バック(裏)

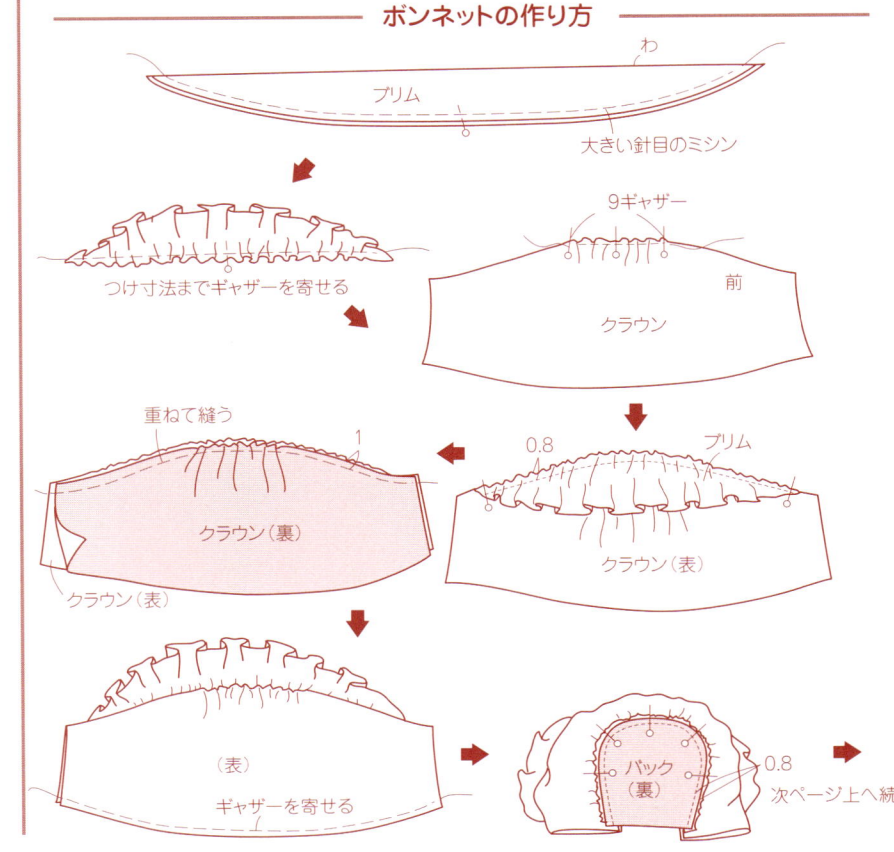

次ページ上へ続く

ボンネットをはさんで縫う

共布バイアステープでくるむ
0.8

裁合せ図

袖ぐりフリル
袖ぐりフリル
わ
後ろ
前
わ
105cm幅
☆縫い代は1cm

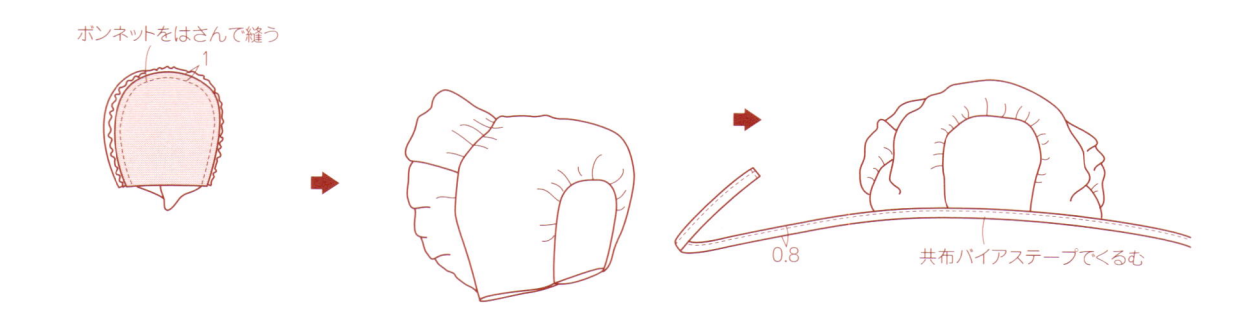

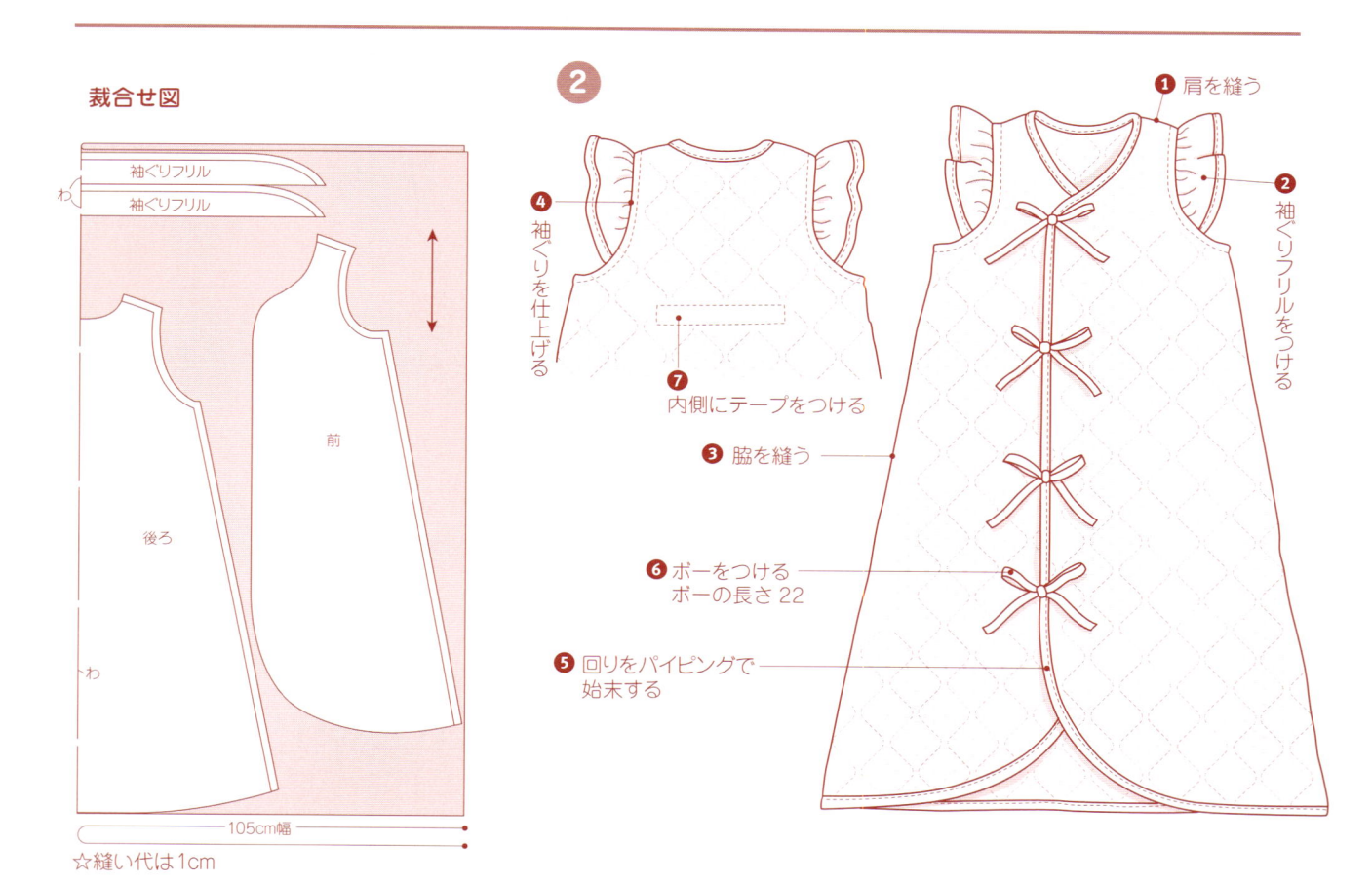

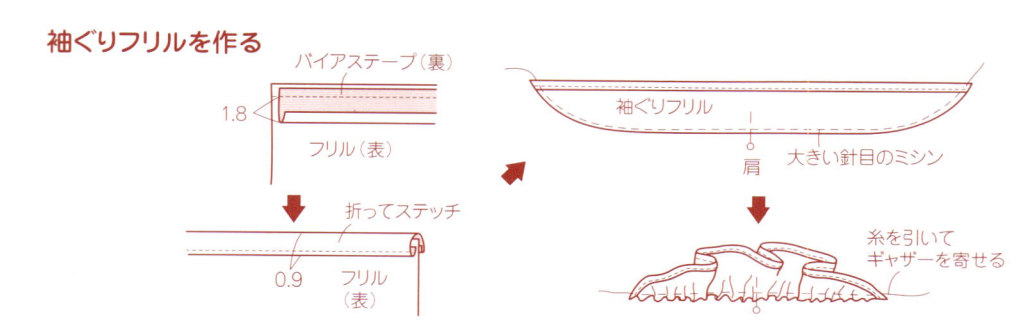

❷
❶ 肩を縫う
❷ 袖ぐりフリルをつける
❸ 脇を縫う
❹ 袖ぐりを仕上げる
❺ 回りをパイピングで始末する
❻ ボーをつける ボーの長さ22
❼ 内側にテープをつける

袖ぐりフリルを作る

バイアステープ(裏)
1.8
フリル(表)

折ってステッチ
0.9 フリル(表)

袖ぐりフリル
肩
大きい針目のミシン

糸を引いてギャザーを寄せる

袖ぐりフリルをつける

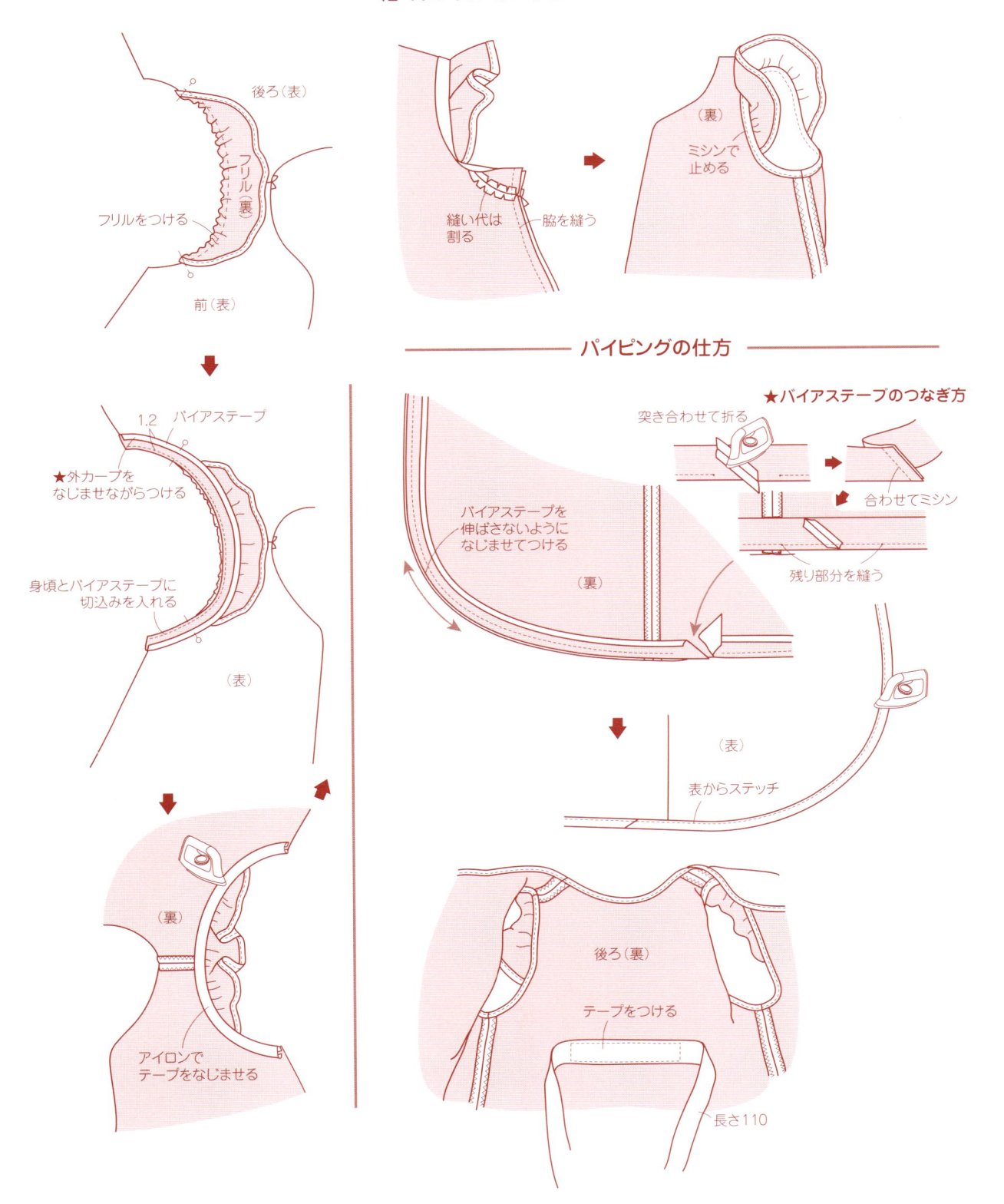

後ろ(表)
フリル(裏)
フリルをつける
前(表)

縫い代は割る
脇を縫う
ミシンで止める
(裏)

1.2
バイアステープ
★外カーブをなじませながらつける
身頃とバイアステープに切込みを入れる
(表)

アイロンでテープをなじませる
(裏)

パイピングの仕方

バイアステープを伸ばさないようになじませてつける
(裏)

★バイアステープのつなぎ方
突き合わせて折る
合わせてミシン
残り部分を縫う

(表)
表からステッチ

後ろ(裏)
テープをつける
長さ110

⑤⑥⑦ お披露目ドレス　8ページ

材料
- カットボイル110cm幅3m20cm（ベビードレスとボンネット2m、エプロン1m20cm）
- チュール24×40cm
- 接着芯90cm幅60cm
- レース0.7cm幅3m30cm
- 8コールのゴムテープ30cm
- スナップ9組み
- 花形ボタン直径1.1cmを3個

作り方ポイント
ベビードレスの袖のつけ方は39ページと同じ。衿と袖口のレースは裏側からつけ、身頃はタックをとって、そこにはさむ。裾フリルは、ワンピースの裾を三つ折り仕上げにしてからつける。エプロンの肩フリルは、肩ひもにはさみ込む。ボンネットのバックは表側はミシンでつけ、裏側はまつる。お披露目やお宮参りが終わったら裾フリルをはずし、普通のワンピースとして着るといい。

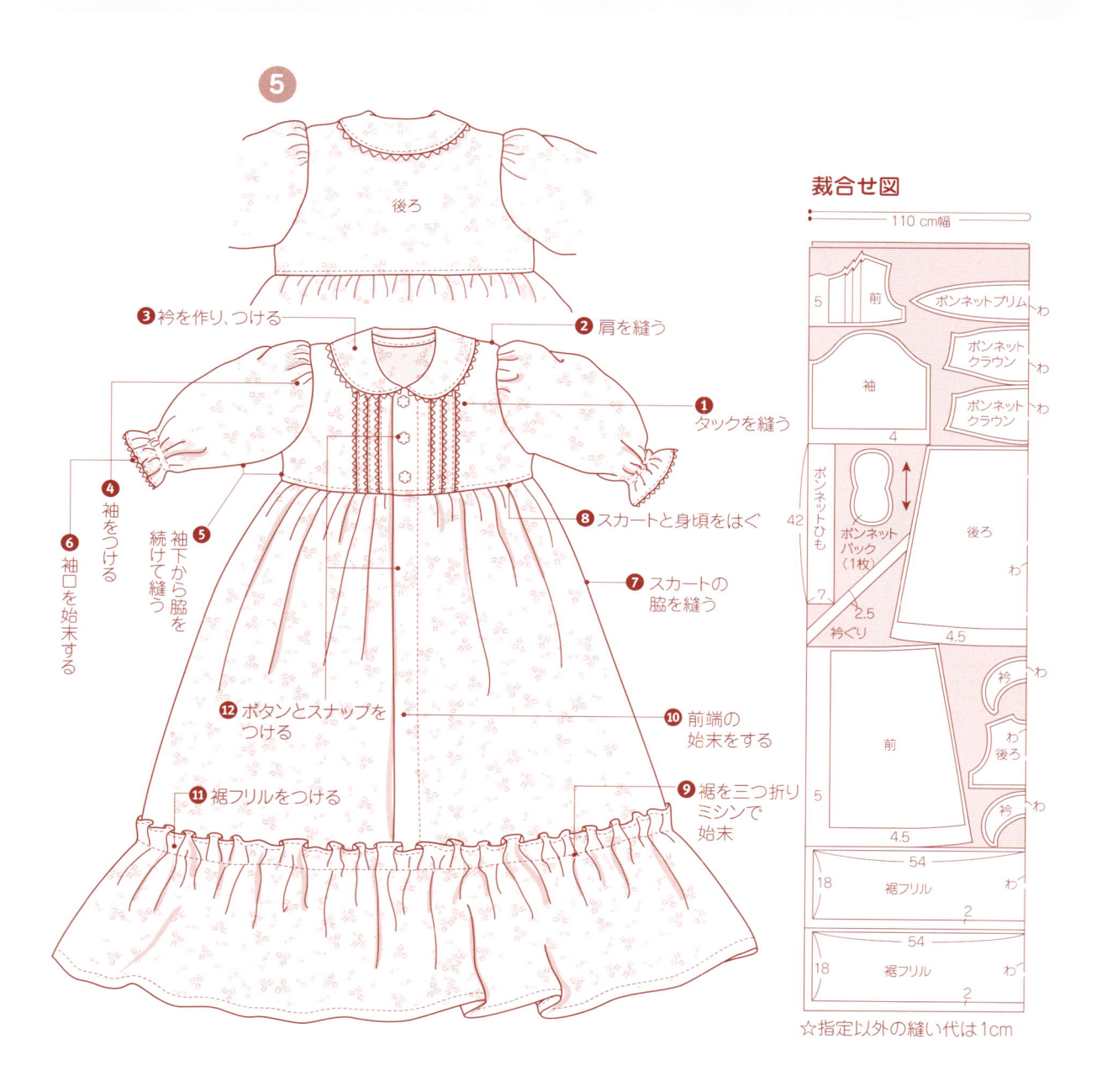

⑤

❶ タックを縫う
❷ 肩を縫う
❸ 衿を作り、つける
❹ 袖をつける
❺ 袖下から脇を続けて縫う
❻ 袖口を始末する
❼ スカートの脇を縫う
❽ スカートと身頃をはぐ
❾ 裾を三つ折りミシンで始末
❿ 前端の始末をする
⓫ 裾フリルをつける
⓬ ボタンとスナップをつける

裁合せ図
110cm幅

ボンネットブリム
ボンネットクラウン
ボンネットクラウン
前　5
袖　4
ボンネットひも　42
ボンネットバック（1枚）
後ろ　わ
7
2.5
衿ぐり
4.5
前　5
衿　わ
後ろ　わ
衿　わ
4.5
裾フリル　54　18　わ　2
裾フリル　54　18　わ　2

☆指定以外の縫い代は1cm

⑥ エプロン

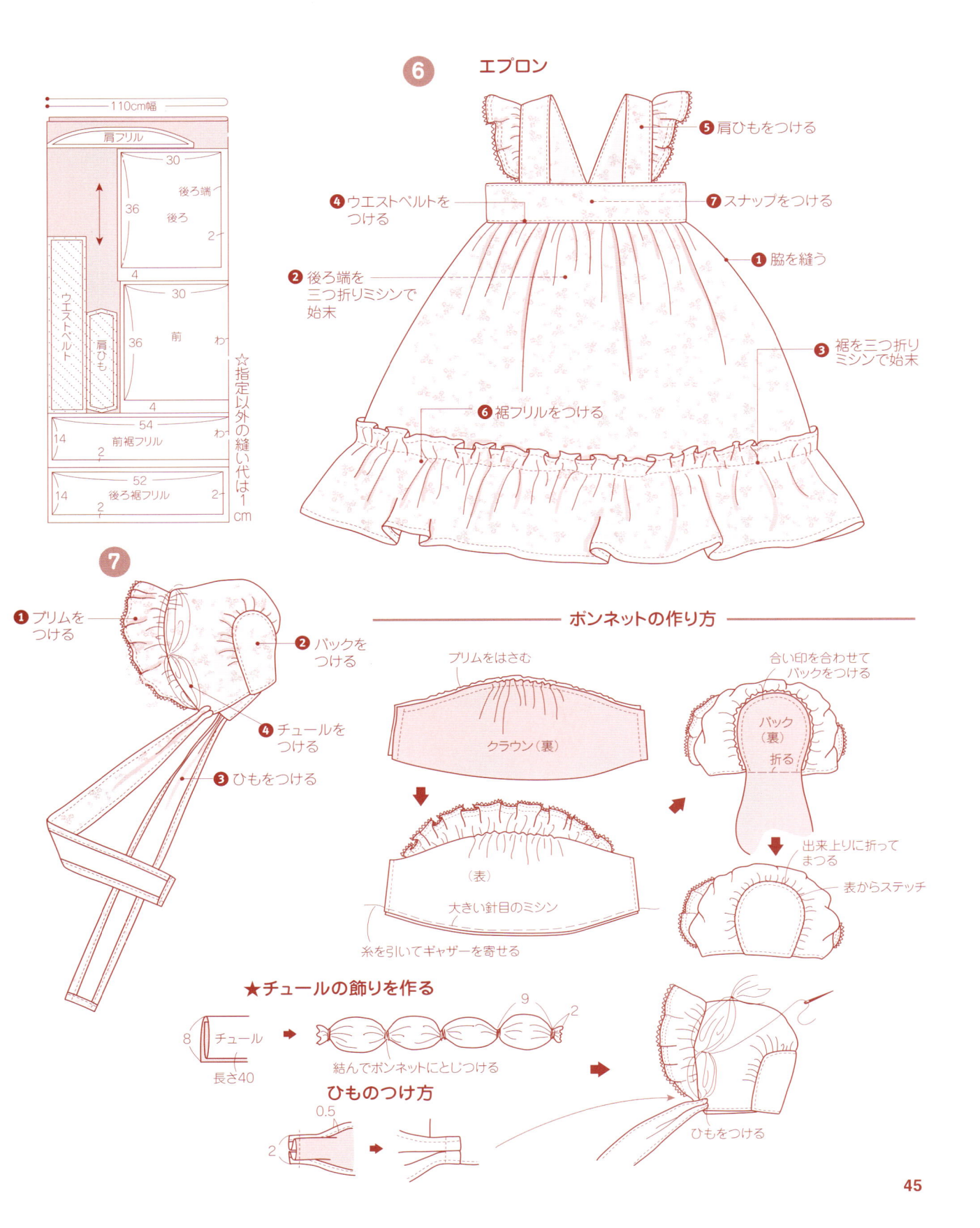

- 110cm幅
- 肩フリル
- 30 後ろ端 後ろ 36 2 4
- 30 前 36 わ 4
- ウエストベルト
- 肩ひも
- 54 前裾フリル わ 14 2
- 52 後ろ裾フリル 14 2
- ☆指定以外の縫い代は1cm

❶ 脇を縫う
❷ 後ろ端を三つ折りミシンで始末
❸ 裾を三つ折りミシンで始末
❹ ウエストベルトをつける
❺ 肩ひもをつける
❻ 裾フリルをつける
❼ スナップをつける

⑦

❶ ブリムをつける
❷ バックをつける
❸ ひもをつける
❹ チュールをつける

ボンネットの作り方

- ブリムをはさむ
- クラウン(裏)
- (表)
- 大きい針目のミシン
- 糸を引いてギャザーを寄せる
- 合い印を合わせてバックをつける
- バック(裏) 折る
- 出来上りに折ってまつる
- 表からステッチ

★チュールの飾りを作る

- 8 チュール 長さ40
- 9 2
- 結んでボンネットにとじつける

ひものつけ方

- 0.5
- 2
- ひもをつける

エプロンの作り方

スカートを作る

糸を引いてギャザーを寄せる

後ろ 脇 前 後ろ

裾を三つ折りにしてミシンをかける

(裏) 1 3

フリルをつける

0.5　2.5　4

1　1

糸を引いてギャザーを寄せる

ウエストベルトをつける

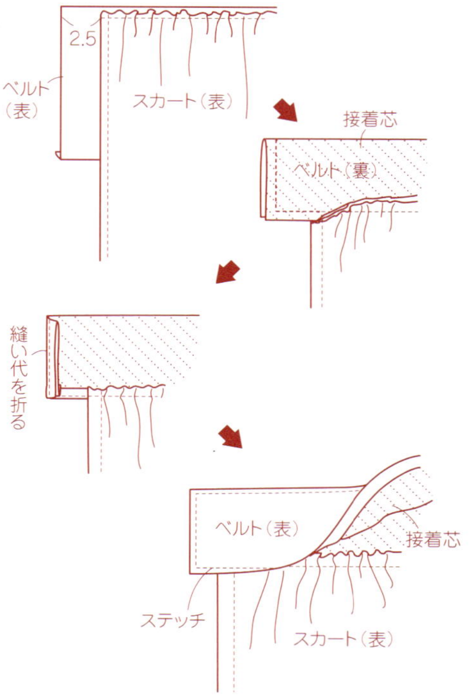

2.5

ベルト（表）　スカート（表）

接着芯　ベルト（裏）

縫い代を折る

ベルト（表）　接着芯

ステッチ　スカート（表）

肩ひもを作る

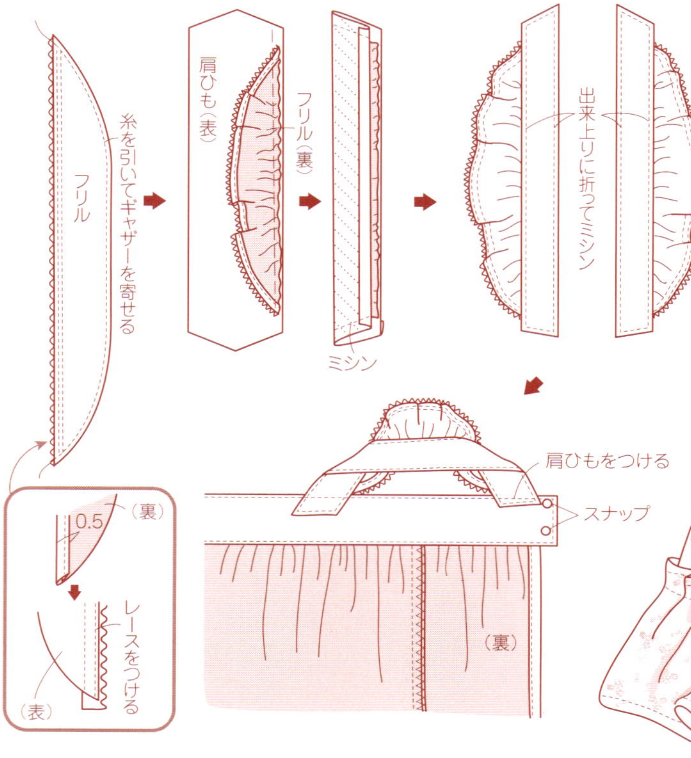

フリル　糸を引いてギャザーを寄せる

肩ひも（表）　フリル（裏）

ミシン

出来上がりに折ってミシン

(裏) 0.5　レースをつける　(表)

肩ひもをつける

スナップ

(裏)

⑥ 後ろ

身頃の作り方

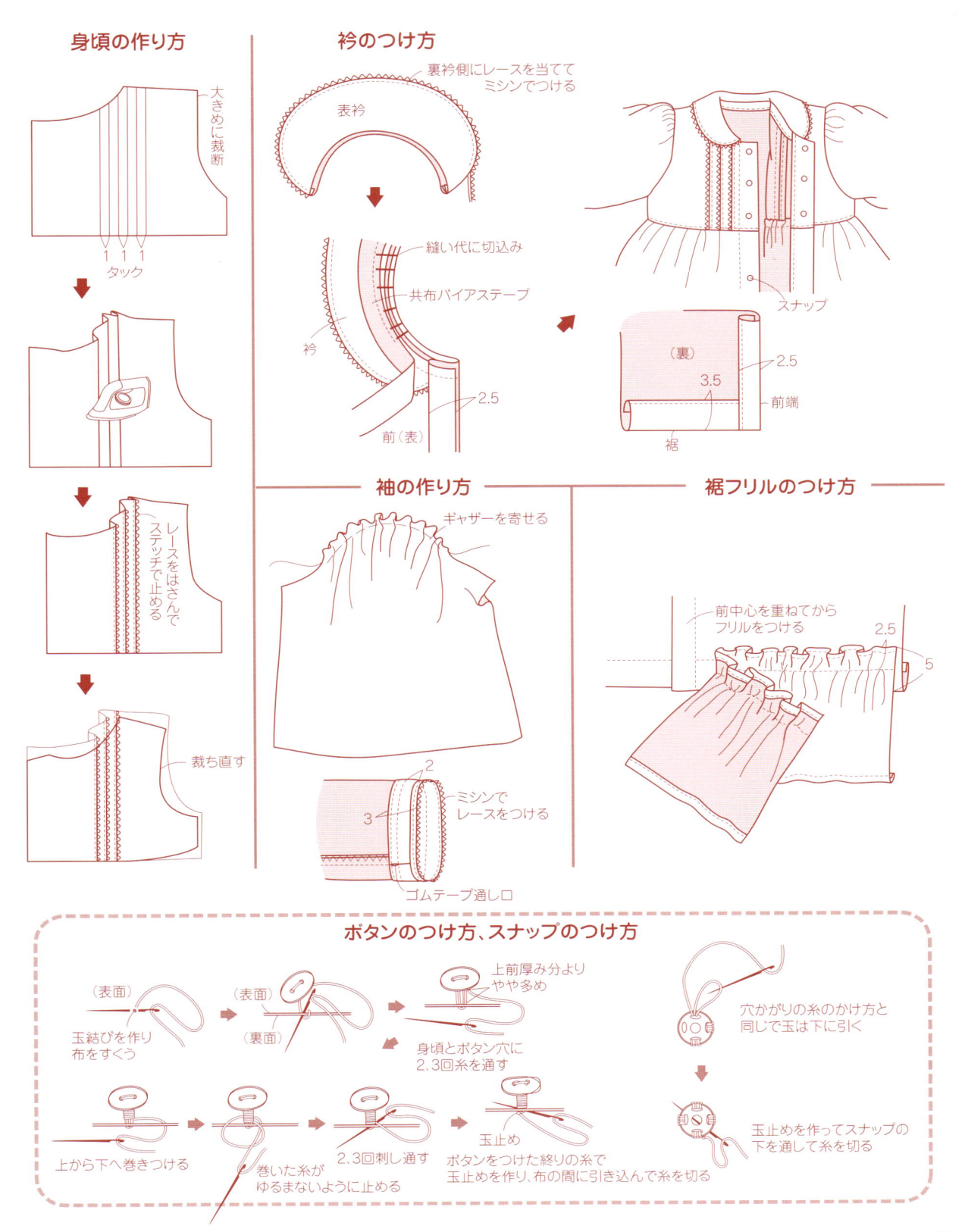

大きめに裁断

1 1 1
タック

レースをはさんでステッチで止める

裁ち直す

衿のつけ方

裏衿側にレースを当ててミシンでつける

表衿

縫い代に切込み
共布バイアステープ
衿
2.5
前(表)

スナップ

(裏)
2.5
3.5
前端
裾

袖の作り方

ギャザーを寄せる

2
3
ミシンでレースをつける
ゴムテープ通し口

裾フリルのつけ方

前中心を重ねてからフリルをつける
2.5
5

ボタンのつけ方、スナップのつけ方

(表面) 玉結びを作り布をすくう

(表面)(裏面)

上前厚み分よりやや多め
身頃とボタン穴に2、3回糸を通す

穴かがりの糸のかけ方と同じで玉は下に引く

玉止めを作ってスナップの下を通して糸を切る

上から下へ巻きつける

巻いた糸がゆるまないように止める

2、3回刺し通す

玉止め
ボタンをつけた終りの糸で玉止めを作り、布の間に引き込んで糸を切る

47

⑧ ⑩ ⑪ ベビードレス　10ページ

材料

⑧ ギンガムチェックのベビードレス
- ギンガムチェック110cm幅1m10cm ●接着芯10×15cm ●クロスステッチテープ2.5cm幅60cm ●8コールのゴムテープ30cm ●25番刺しゅう糸の赤 ●スナップ7組み

⑩ くま柄テープのベビードレス
- はち巣織り木綿110cm幅1m10cm ●テープ2.5cm幅1m60cm ●8コールのゴムテープ30cm ●くま形ボタン3個 ●スナップ7組み

⑪ 小花フリルのベビードレス
- 花柄プリント木綿110cm幅1m10cm ●8コールのゴムテープ30cm ●花形ボタン直径0.8cmを3個 ●スナップ7組み

作り方ポイント

⑧は衿に接着芯をはり、前身頃だけにつける。前立てのテープは25番刺しゅう糸2本どりでクロスステッチをしてから縫いつける。⑩の身頃切替えのテープは脇を縫う前につける。裾は縫い上がってから最後につける。⑪は衿ぐりと袖ぐりにフリルをつける。

裁合せ図

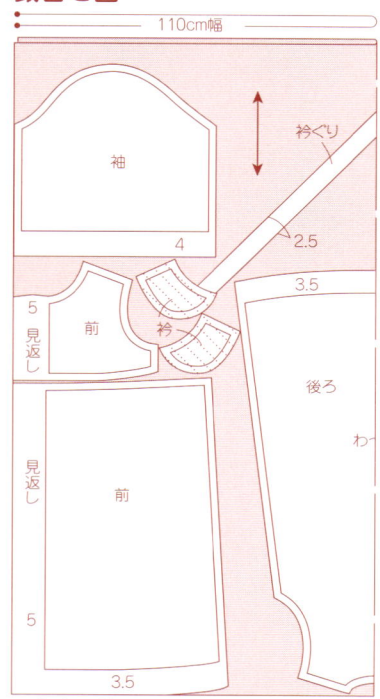

（110cm幅　袖、衿ぐり、2.5、前見返し、衿、3.5、後ろ、わ、前見返し、3.5、5、4、5）

☆指定以外の縫い代は1cm

⑧

- ❶ ウエストをはぐ
- ❷ 衿を作り、つける
- ❸ 肩を縫う
- ❹ 衿ぐりを始末する
- ❺ 袖をつける
- ❻ 袖下から脇を続けて縫う
- ❼ 前端を三つ折りにして始末
- ❽ 裾を三つ折りミシンで始末
- ❾ クロスステッチテープをつける
- ❿ 袖口を仕上げる
- ⓫ スナップをつける

クロスステッチの図案

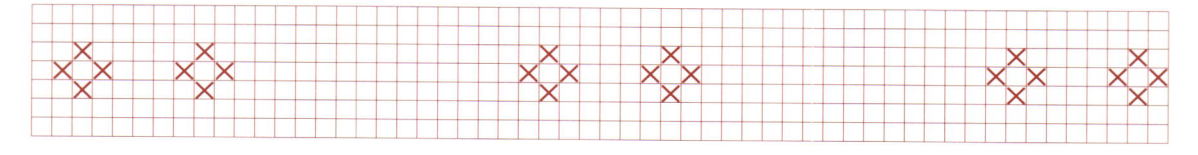

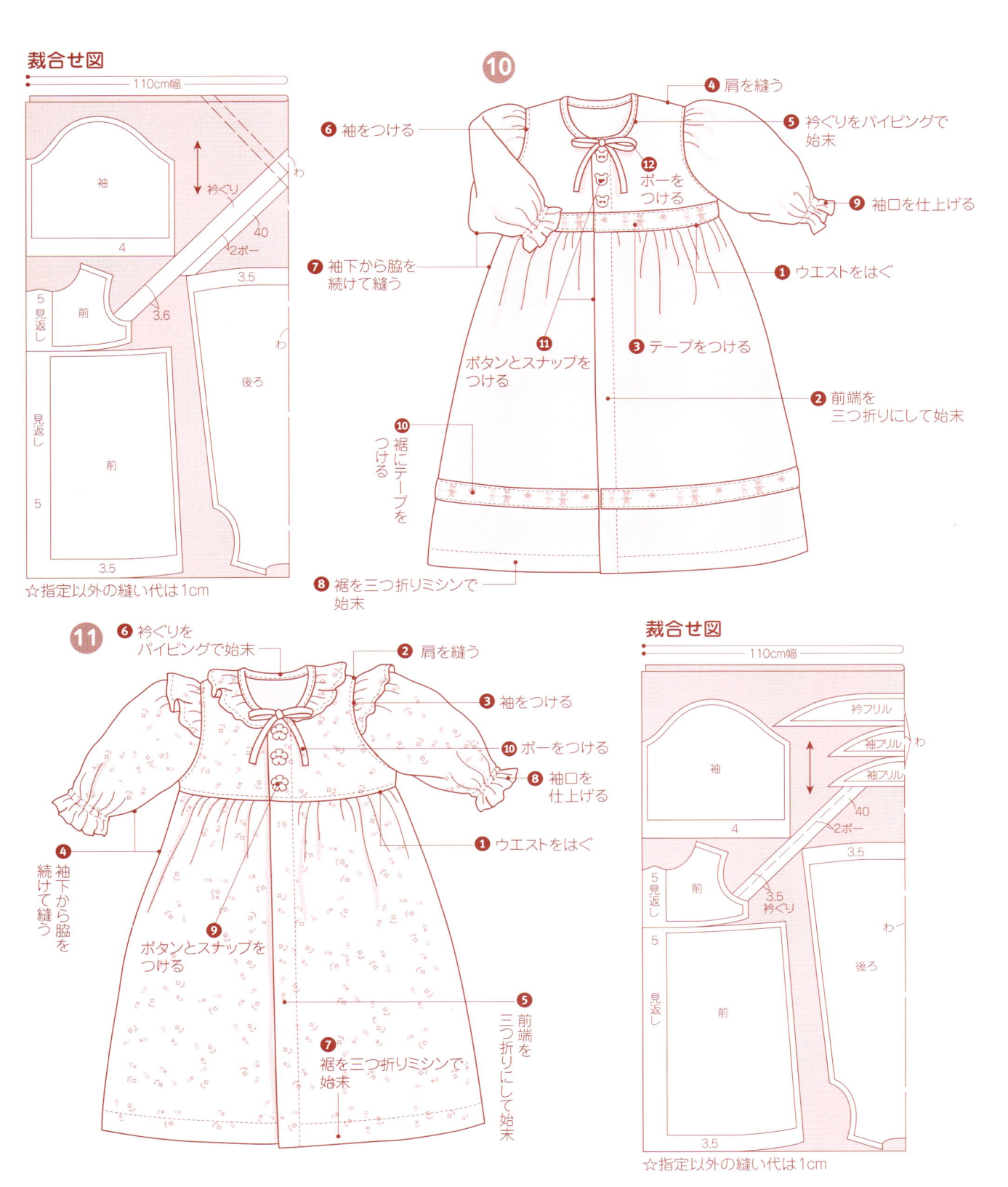

裁合せ図

- 110cm幅
- 袖 4
- 衿ぐり
- わ
- 40 2ボー
- 3.6
- 5 見返し
- 前
- 3.5
- 後ろ
- わ
- 見返し 5
- 前
- 3.5

☆指定以外の縫い代は1cm

10

- ❻ 袖をつける
- ❹ 肩を縫う
- ❺ 衿ぐりをパイピングで始末
- ⓬ ボーをつける
- ❾ 袖口を仕上げる
- ❼ 袖下から脇を続けて縫う
- ❶ ウエストをはぐ
- ⓫ ボタンとスナップをつける
- ❸ テープをつける
- ❷ 前端を三つ折りにして始末
- ❿ 裾にテープをつける
- ❽ 裾を三つ折りミシンで始末

11

- ❻ 衿ぐりをパイピングで始末
- ❷ 肩を縫う
- ❸ 袖をつける
- ❿ ボーをつける
- ❽ 袖口を仕上げる
- ❹ 袖下から脇を続けて縫う
- ❶ ウエストをはぐ
- ❾ ボタンとスナップをつける
- ❺ 前端を三つ折りにして始末
- ❼ 裾を三つ折りミシンで始末

裁合せ図

- 110cm幅
- 袖 4
- 衿フリル
- 袖フリル わ
- 袖フリル
- 40 2ボー
- 3.5
- 5 見返し
- 前
- 3.5 衿ぐり
- 5 見返し
- 後ろ わ
- 前
- 3.5

☆指定以外の縫い代は1cm

49

ウエストのはぎ方

前（表）
ギャザー止り
ステッチ
（裏）
縫い代を割る

⑪ 前端、裾の三つ折り

（表）
2.5
3.5
余分をカット
（表）
2.5
2.5

⑪ 衿ぐりの始末

0.9
スナップ
飾りボタン
★スカート部分にもスナップをつける
ボーをつける

ボーの作り方

1
0.5
表に返す
先は少し押し込んでおく

⑪ 袖のつけ方

後ろ
フリルをつける
前（表）

フリルつけ止り
袖ギャザー止り
袖（裏）
身頃（表）

ステッチ

袖口の仕上げ方

縫い残す1
1
切込み
割る
3
2

50

❽ 衿の作り方、つけ方

- 接着芯をはる
- 表衿（裏）
- 大きい針目のミシン
- 糸を引く
- 縫い目から折る
- 縫い目
- 表衿（表）
- 衿と肩を一緒に縫う
- 衿
- 前（表）
- 見返し（表）
- 2.5
- 前（表）
- 共布バイアステープ
- ★バイアステープのつけ方は33ページを参照

- 後ろ（裏）
- ミシンでつける
- 前（裏）
- まつる
- 見返し

スナップのつけ方

- スナップ
- スナップ
- クロスステッチテープ
- 2.5
- 2.5

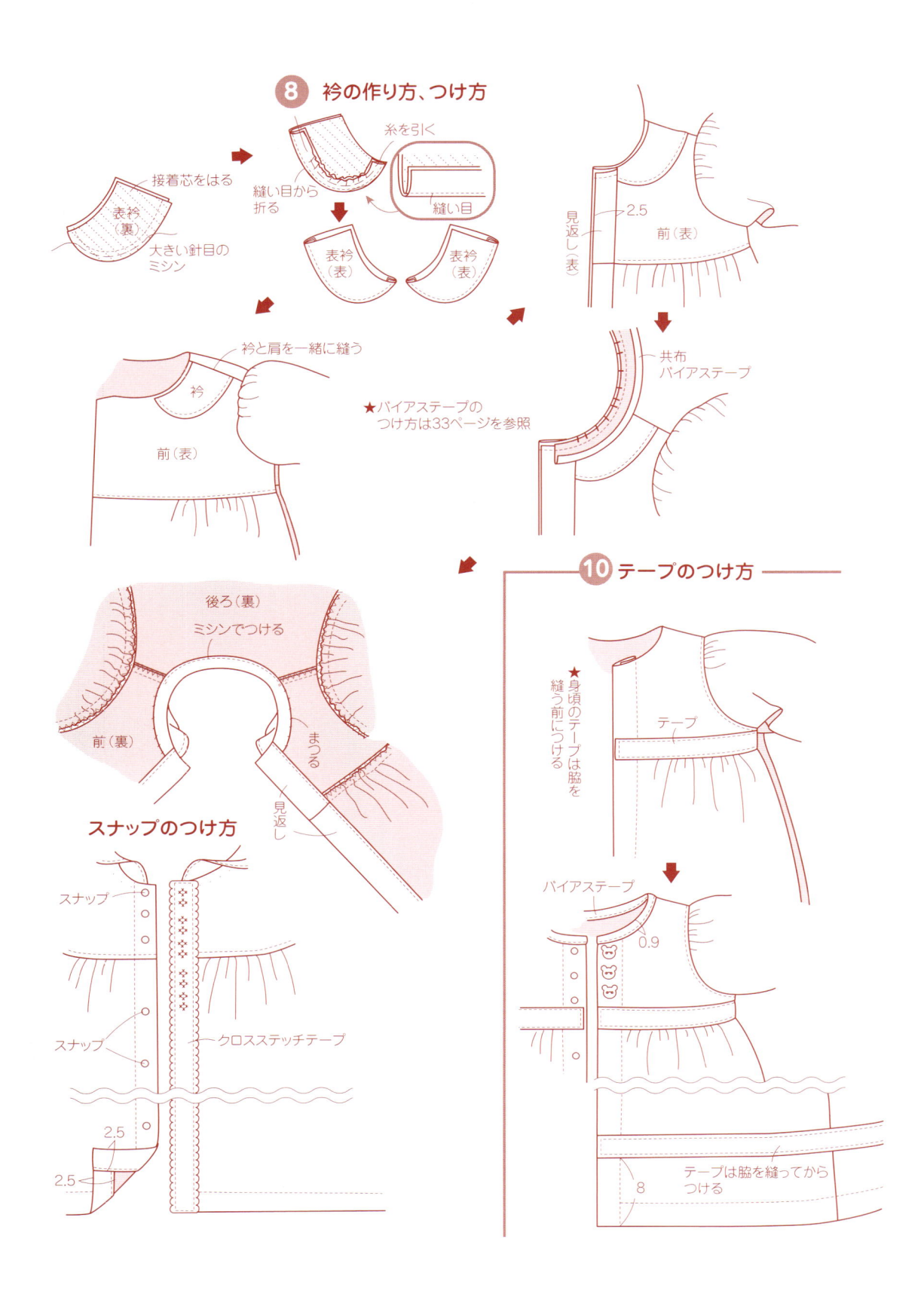

❿ テープのつけ方

- テープ
- ★身頃のテープは脇を縫う前につける
- バイアステープ
- 0.9
- テープは脇を縫ってからつける
- 8

⑫ ⑬ ⑭ ⑮ ジャージーセット 12ページ

材料
- プリントジャージー92cm幅1m40cm ●ジャージーキルト地92cm幅1m30cm ●接着芯6×60cm ●バイアステープ（パイピング、肩の縫い代）1.8cm幅 ●スナップボタン直径1.1cmを14組み ●8コールのゴムテープ70cm

作り方ポイント

⑫のツーウェードレスは前あき、股あき部分にニット用接着芯をはる。前のあき、袖口、裾口は二つ折りにしてジグザグミシンで縫いつける。ベストの肩の縫い代は、図のようにバイアステープで隠すようにする。袖ぐり、身頃の回りをパイピングで始末して、最後に衿ぐりを始末する。おくるみは端を始末したコーナー布をつけ、回りをバイアステープでくるむ。このとき、バイアステープを少し伸ばしながらつけるときれいに仕上がる。

裁合せ図

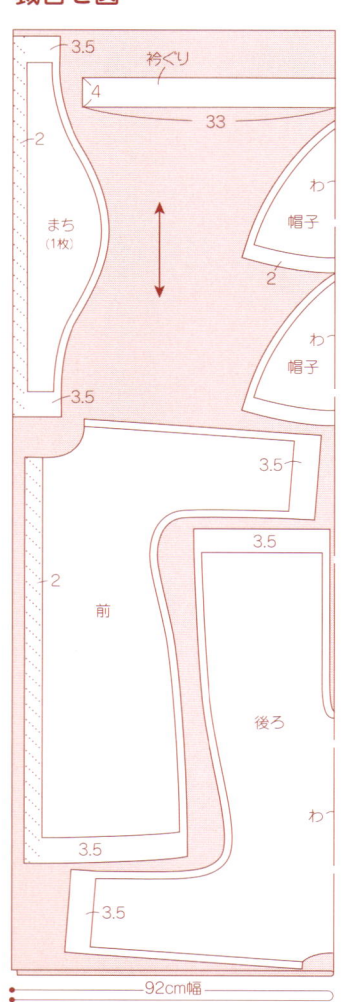

☆指定以外の縫い代は1cm

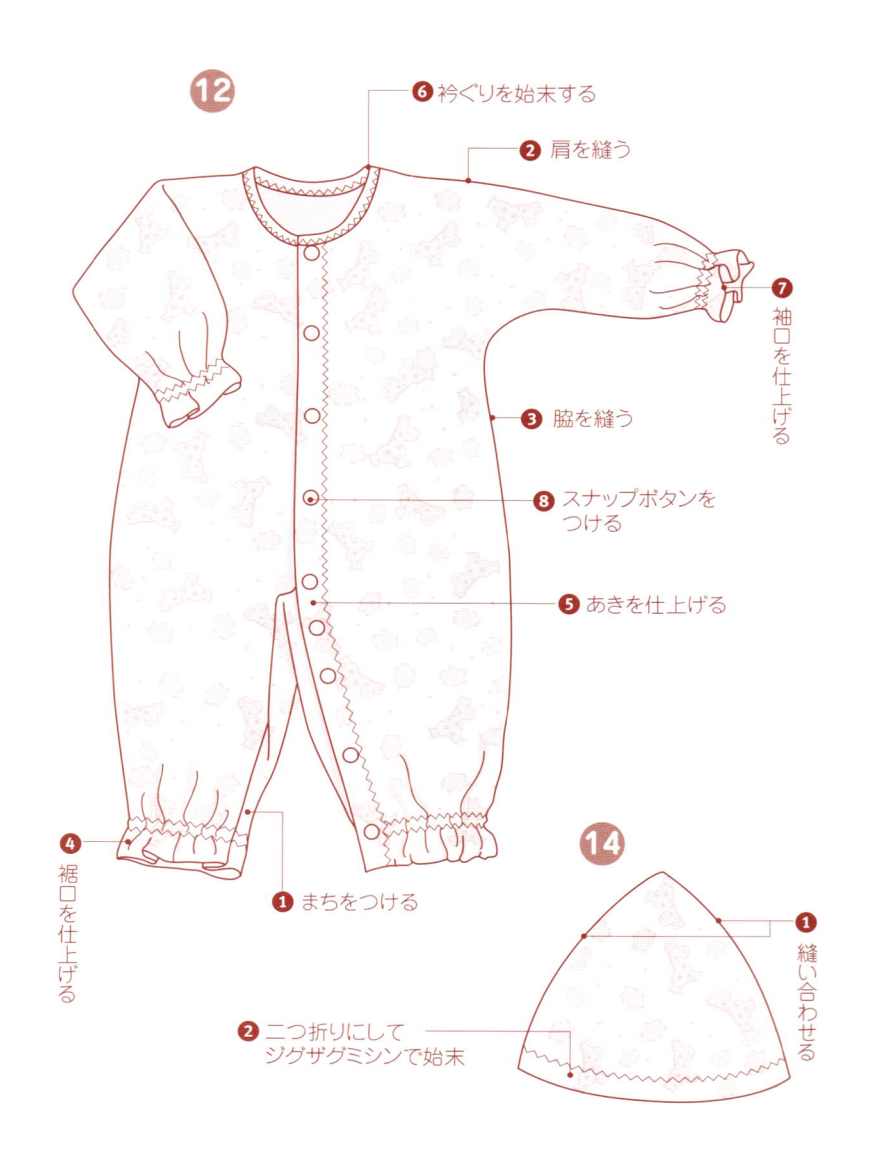

⑫
- ❶ まちをつける
- ❷ 肩を縫う
- ❸ 脇を縫う
- ❹ 裾口を仕上げる
- ❺ あきを仕上げる
- ❻ 衿ぐりを始末する
- ❼ 袖口を仕上げる
- ❽ スナップボタンをつける

⑭
- ❶ 縫い合わせる
- ❷ 二つ折りにしてジグザグミシンで始末

⑬

① 肩を縫う
② 回りをパイピングで始末する
③ スナップボタンをつける

おくるみコーナー布（1枚）
ベスト
わ
おくるみ
わ
92cm幅
☆縫い代は1cm

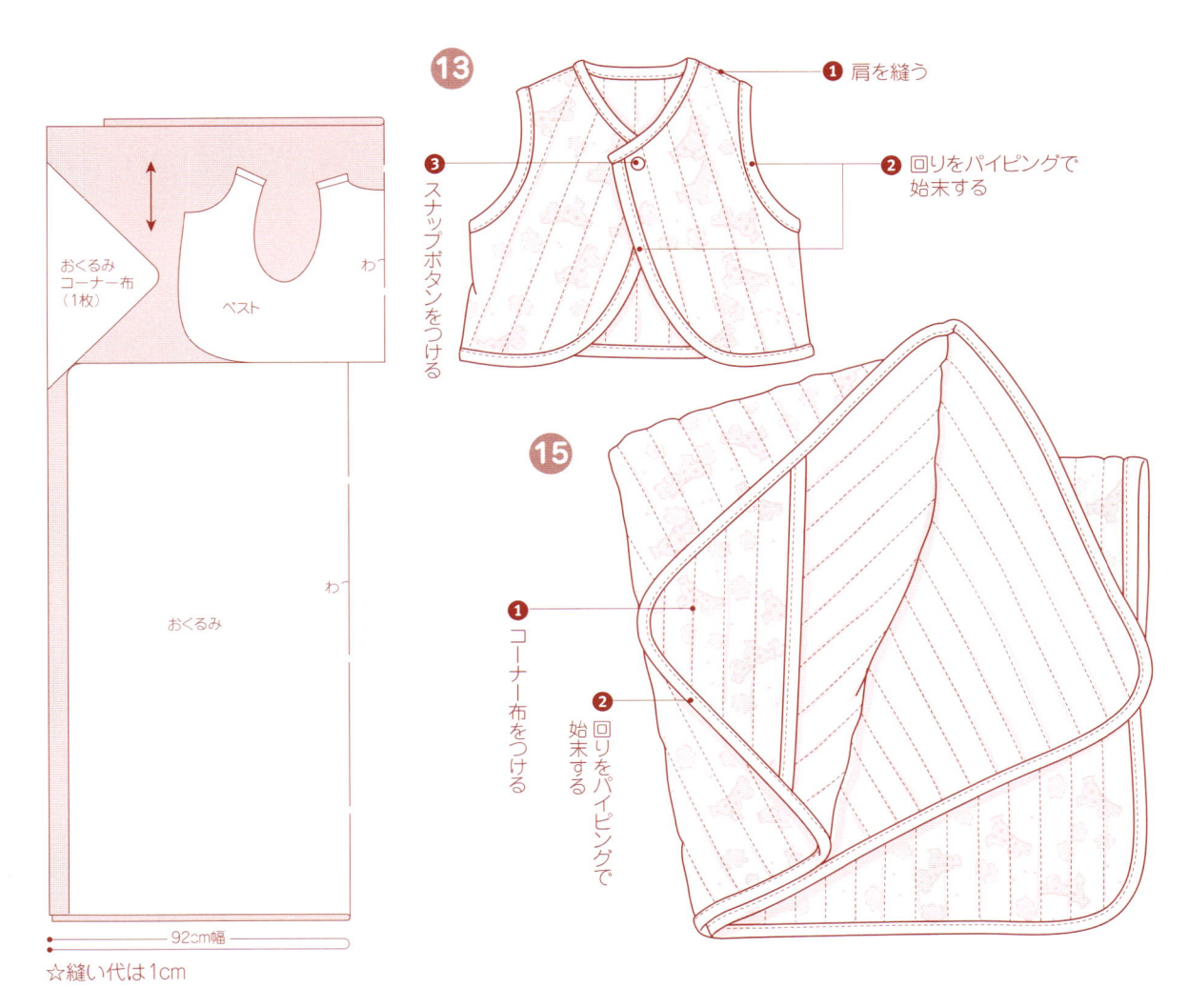

⑮

① コーナー布をつける
② 回りをパイピングで始末する

――― ベストの縫い方 ―――

（表）
（裏）
0.5にカットする
（裏）
バイアステープをかぶせて縫いつける
バイアステープ
表からステッチ
前（表）

――― 帽子の縫い方 ―――

中表にしてミシン
（裏）
（裏）
ジグザグミシンで止める

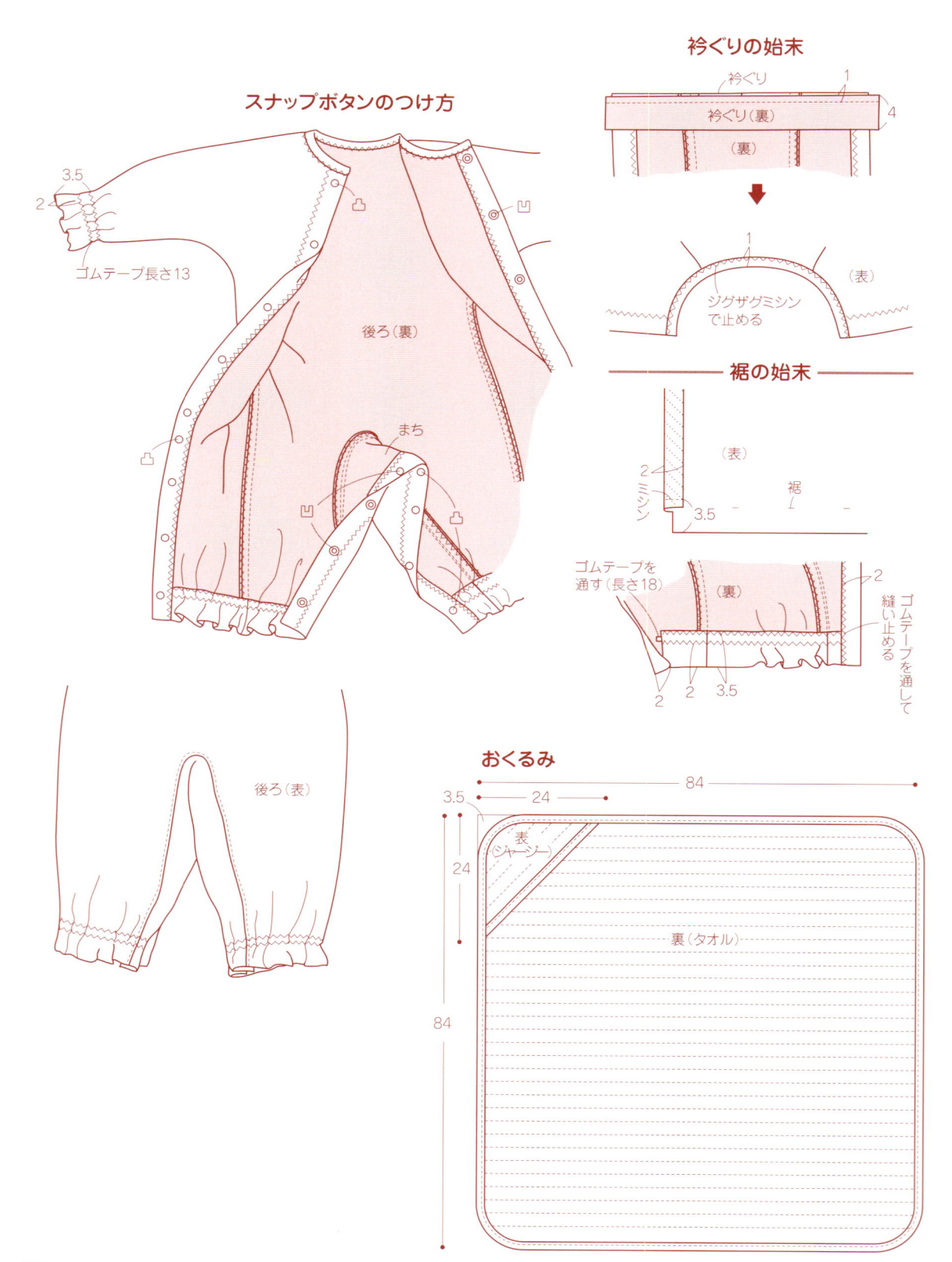

スナップボタンのつけ方

3.5
2
ゴムテープ長さ13
後ろ(裏)
まち

衿ぐりの始末

衿ぐり
衿ぐり(裏)
1
4
(裏)

ジグザグミシンで止める
1
(表)

裾の始末

(表)
2
ミシン
3.5
裾

ゴムテープを通す(長さ18)
(裏)
2
縫い止める
ゴムテープを通して
2
3.5

後ろ(表)

おくるみ

84
3.5
24
24
表(ジャージー)
裏(タオル)
84

⑯⑰⑱⑲⑳㉑ カバーオールセット　14ページ

材料（1セット分）
- 92cm幅でチェックジャージー1m70cm、プリントジャージー60cm
- ニット用接着芯9×30cm
- ファスナップ2.5cm幅70cm
- スナップボタン1.1cmを5組み
- マジックテープ2.5cm幅3cm
- ボタン（ブルーはくま形、ピンクはくるみボタン）直径1.8cmを各1個

作り方ポイント
カバーオールの⑲の衿は、縫い代にジグザグミシンをかけて始末し、⑯の衿は縫い代を共布で始末する。リバーシブルベストは肩を縫い合わせた2枚を中表に合わせて前端、衿ぐり、袖ぐりを縫って表に返し、脇を続けて縫う。もう一度中表に合わせて裾を縫い、表に返す。スタイのマジックテープは角を丸くカットしてつける。

⑲
1. 後ろ中心をはぐ
2. 肩を縫う
3. 衿をつける
4. 前股上を縫う
5. あきを仕上げる
6. 脇から袖下を縫う
7. 裾カフスをつける
8. ファスナップをつける
9. 袖口カフスをつける
10. スナップボタンをつける

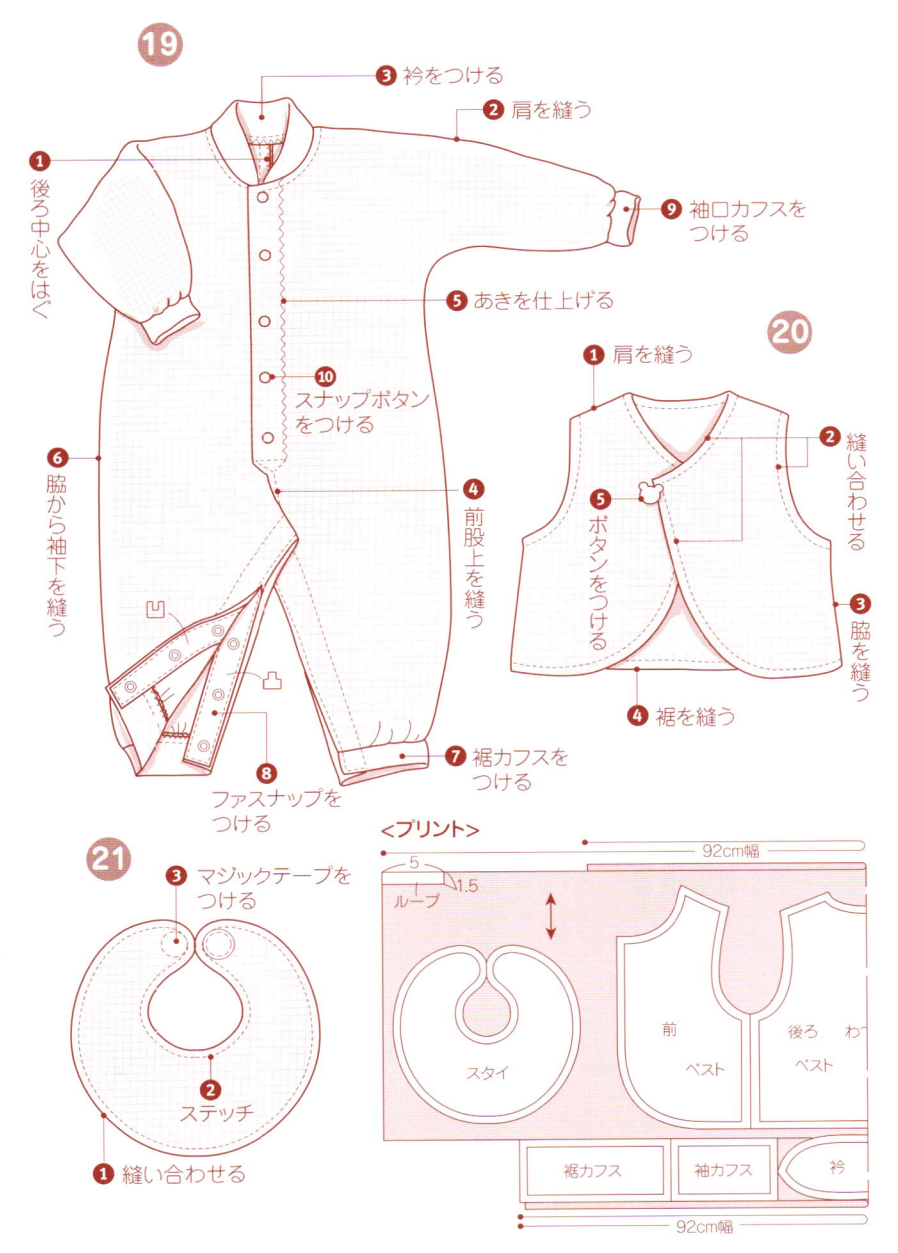

⑳
1. 肩を縫う
2. 縫い合わせる
3. 脇を縫う
4. 裾を縫う
5. ボタンをつける

㉑
1. 縫い合わせる
2. ステッチ
3. マジックテープをつける

裁合せ図
〈チェック〉92cm幅
- 前ベスト
- 後ろベスト
- 後ろ
- 前
- スタイ
- くるみボタン
- 衿ぐり布（ピンク）

〈プリント〉92cm幅
- ループ 5 / 1.5
- スタイ
- 前ベスト
- 後ろベスト
- 裾カフス
- 袖カフス
- 衿

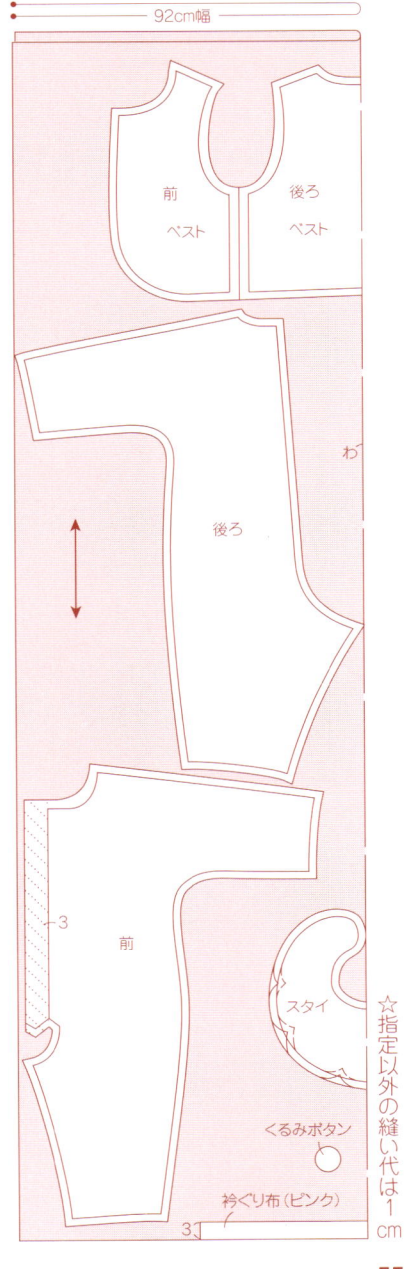

☆指定以外の縫い代は1cm

裁合せ図 <プリント>

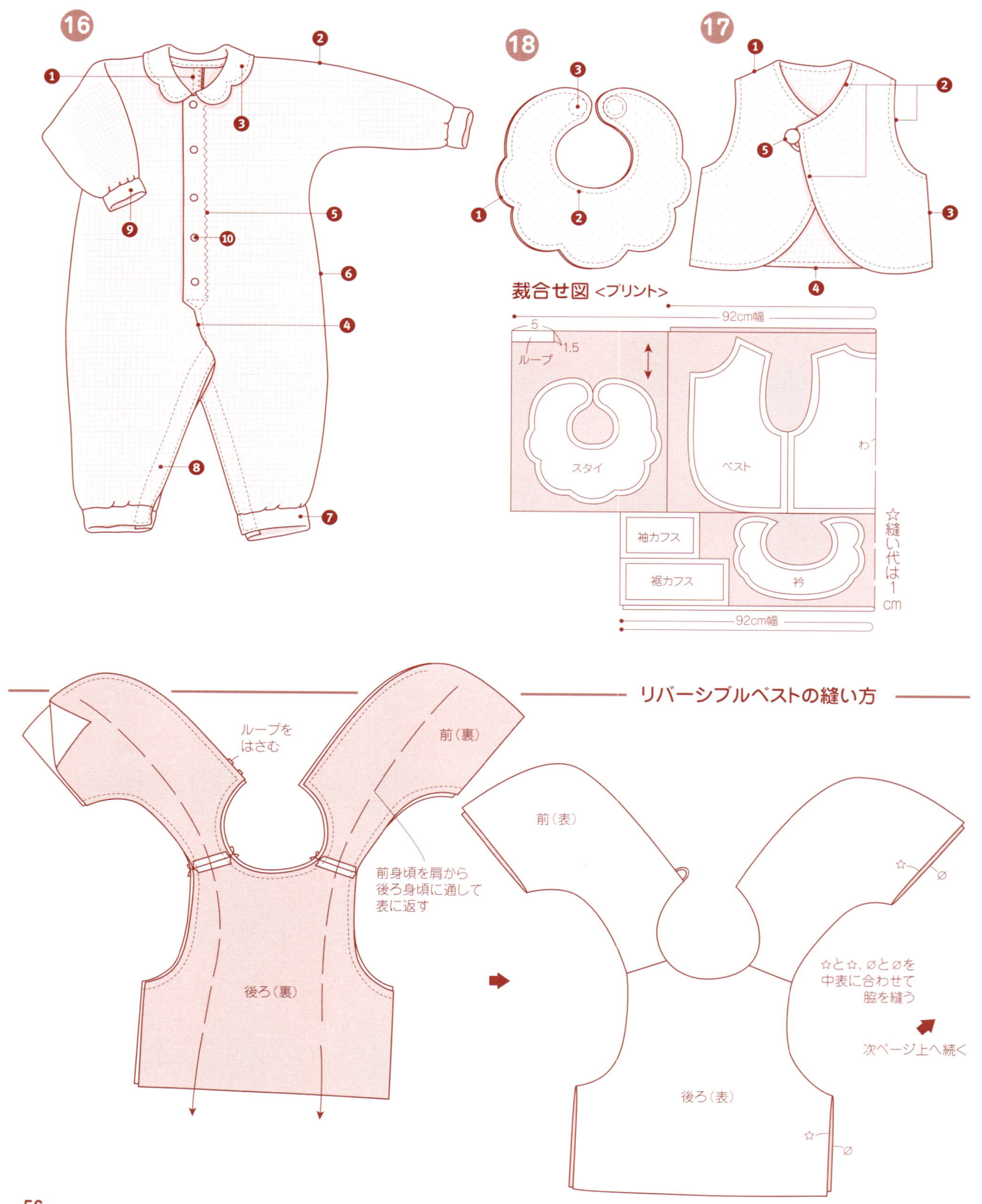

92cm幅

ループ
スタイ
ベスト
わ
袖カフス
裾カフス
衿

☆縫い代は1cm

92cm幅

リバーシブルベストの縫い方

ループをはさむ

前（裏）

前身頃を肩から後ろ身頃に通して表に返す

後ろ（裏）

前（表）

後ろ（表）

☆と☆、∅と∅を中表に合わせて脇を縫う

次ページ上へ続く

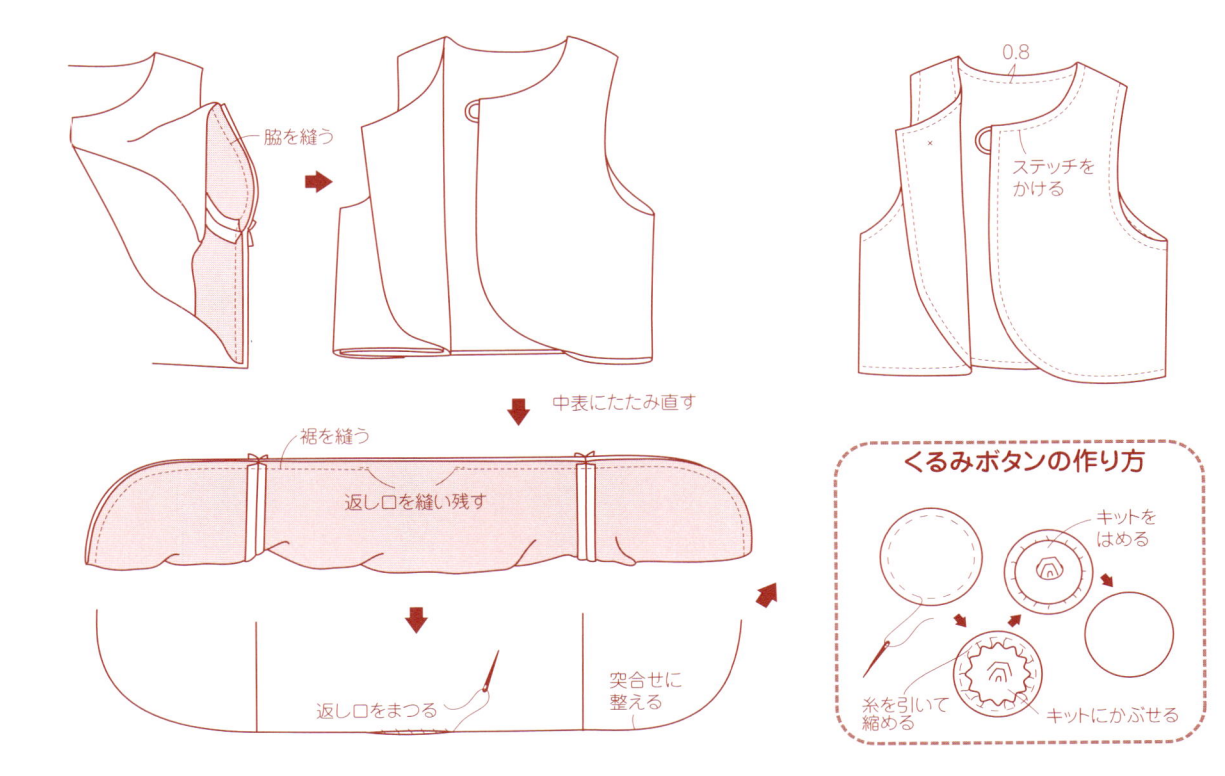

脇を縫う

中表にたたみ直す

0.8
ステッチをかける

裾を縫う
返し口を縫い残す

返し口をまつる
突合せに整える

くるみボタンの作り方

キットをはめる
糸を引いて縮める
キットにかぶせる

カバーオールのあきの縫い方

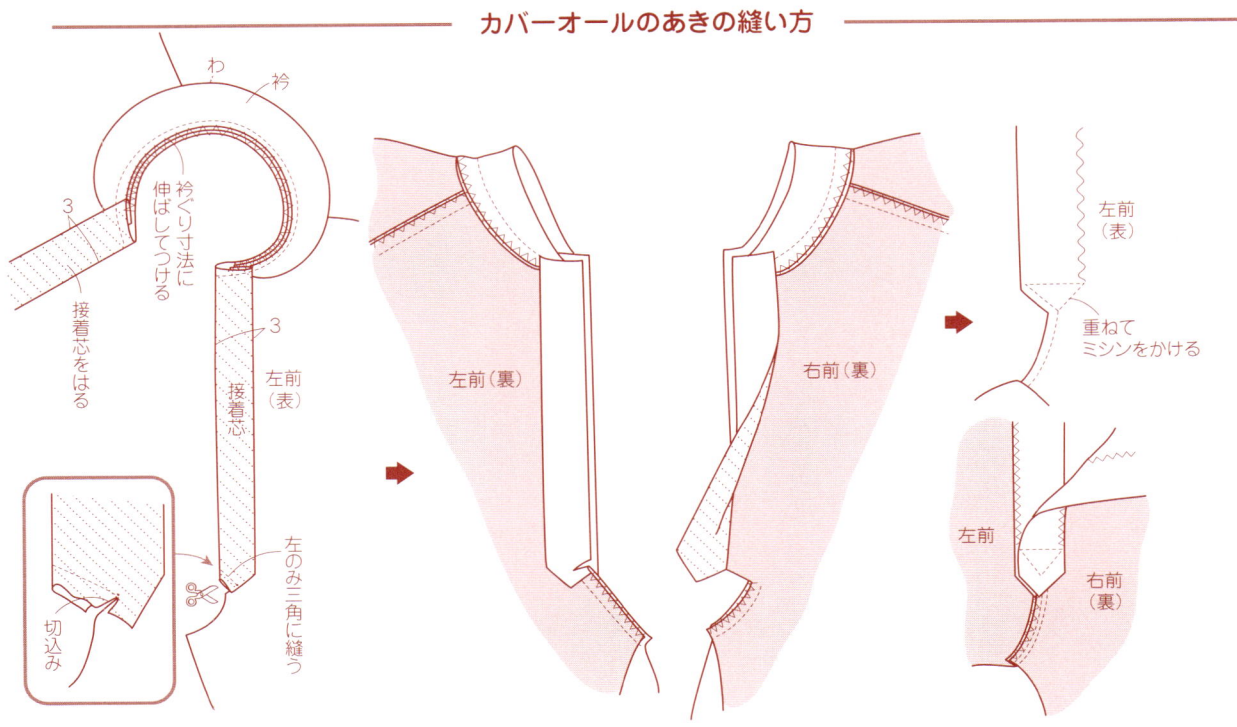

わ
衿
3
接着心をはる
衿ぐり寸法に伸ばしてつける
3
接着心
左前（表）
左のみ三角に縫う
切込み

左前（裏）
右前（裏）

左前（表）
重ねてミシンをかける

左前
右前（裏）

57

股あきの縫い方

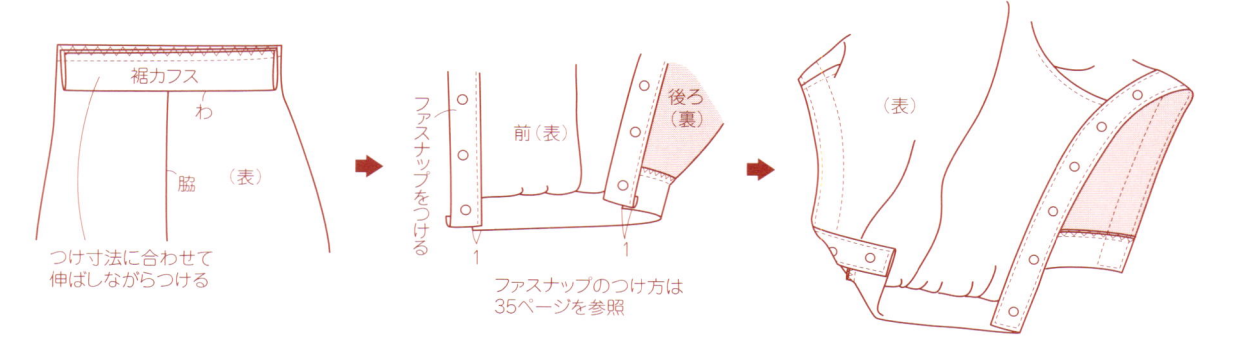

- 裾カフス
- わ
- 脇
- （表）
- つけ寸法に合わせて伸ばしながらつける
- ファスナップをつける
- 前（表）
- 後ろ（裏）
- ファスナップのつけ方は35ページを参照
- （表）

⑱ スタイの縫い方

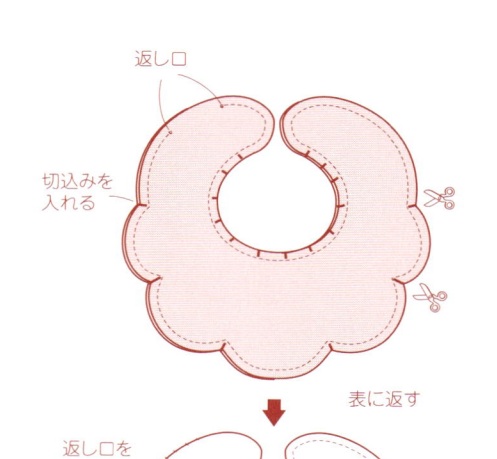

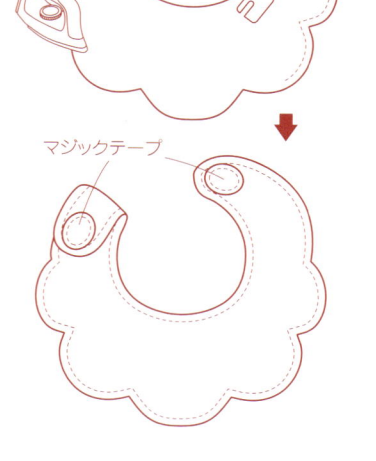

- 返し口
- 切込みを入れる
- 表に返す
- 返し口をまつる
- ステッチ
- マジックテープ

⑯ 衿のつけ方

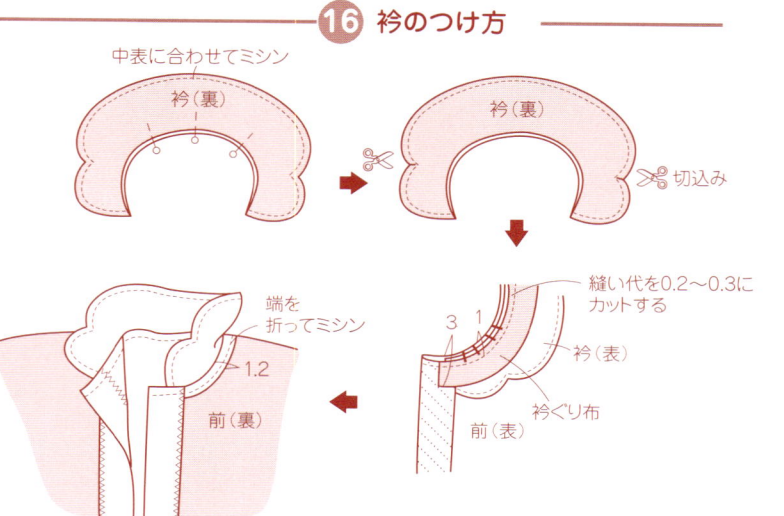

- 中表に合わせてミシン
- 衿（裏）
- 切込み
- 縫い代を0.2〜0.3にカットする
- 衿（表）
- 衿ぐり布
- 前（表）
- 端を折ってミシン
- 1.2
- 前（裏）

ジャージーの縫い方ポイント

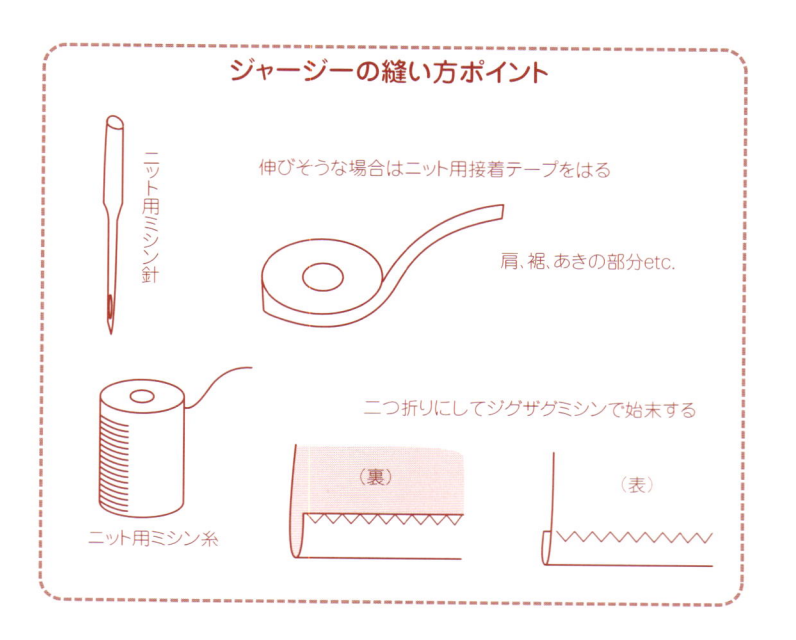

- ニット用ミシン針
- ニット用ミシン糸
- 伸びそうな場合はニット用接着テープをはる
- 肩、裾、あきの部分etc.
- 二つ折りにしてジグザグミシンで始末する
- （裏）
- （表）

22 23 24 25 26 27 28
出産準備セット

16ページ

材料
● 90cm幅のタオルを女の子セット（ピンク）5m30cm、男の子セット（ブルー）5m、白各1m70cm ●キルト芯110cm幅80cm ●バイアステープ1.8cm幅 ●ゴムテープ1.5cm幅42cm ●8コールのゴムテープ26cm

作り方ポイント
女の子のきものは袖と前端、裾にフリルをつける。身頃のフリルはバイアステープをつけて縫い代の始末をする。男の子のきものは袖口と衿にフリルをつける。肌着は肩をはがない、一枚裁ち。袖下、脇の縫い代は袋縫いに、パンツの股上、股下の縫い代は折伏せ縫いにする。ちゃんちゃんこはキルト芯を麻の葉のほうにあらかじめ止めつけておく。衿つけと肩上げは手縫いで。

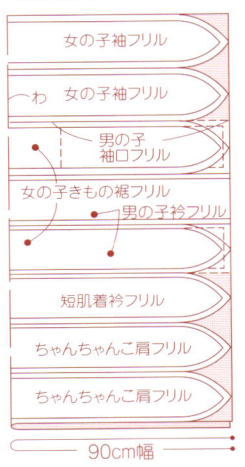

裁合せ図
<白>
<麻の葉柄>

☆指定以外の縫い代は1cm

90cm幅

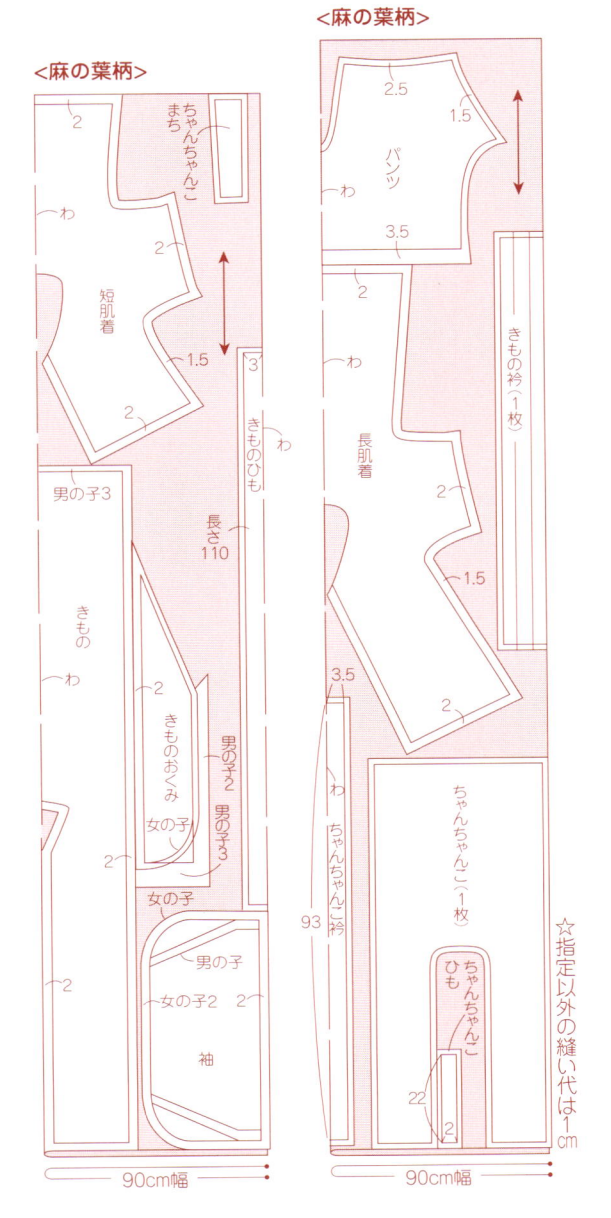

㉔

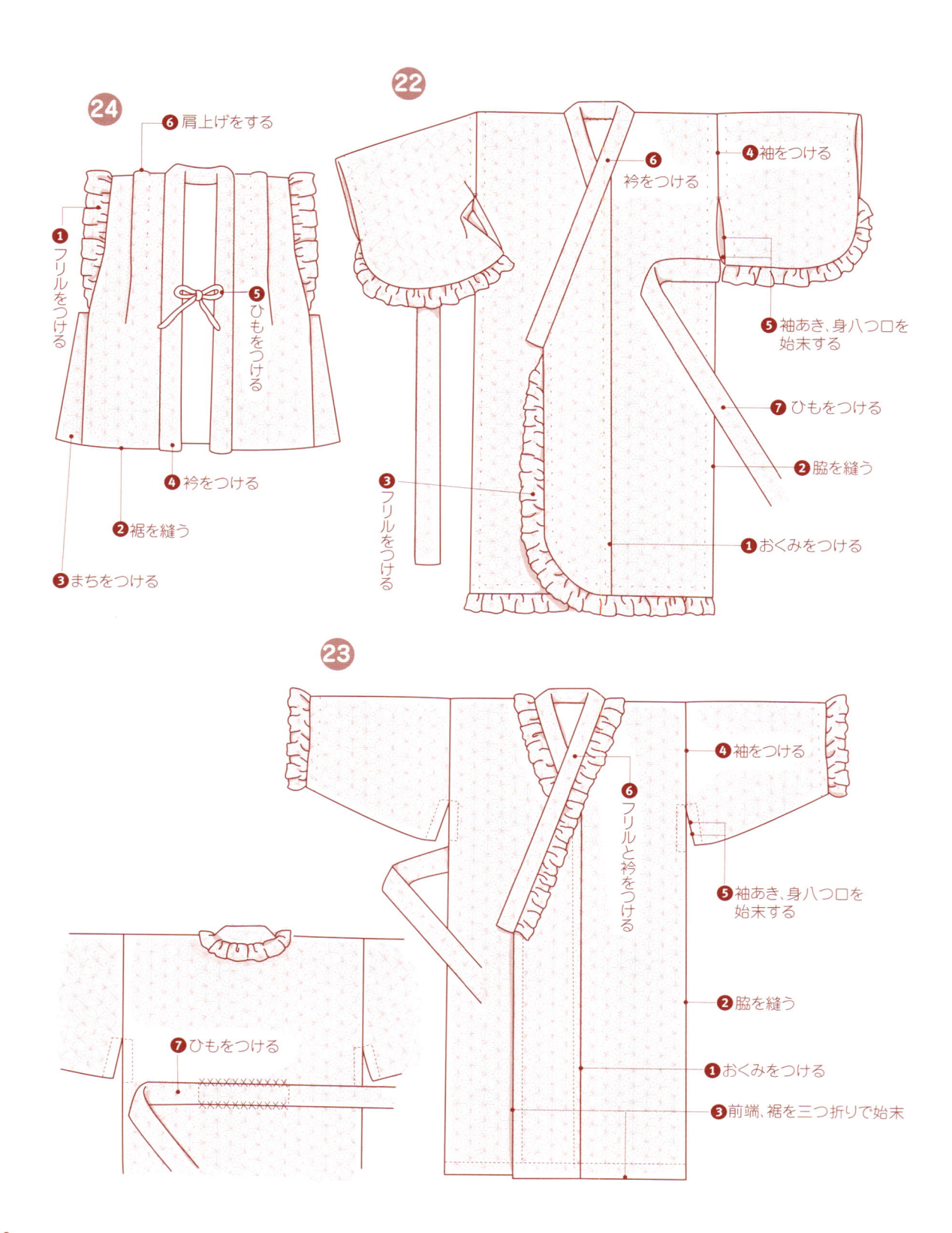

- ❶ フリルをつける
- ❻ 肩上げをする
- ❺ ひもをつける
- ❹ 衿をつける
- ❷ 裾を縫う
- ❸ まちをつける

㉒

- ❻ 衿をつける
- ❹ 袖をつける
- ❺ 袖あき、身八つ口を始末する
- ❼ ひもをつける
- ❷ 脇を縫う
- ❶ おくみをつける
- ❸ フリルをつける

㉓

- ❹ 袖をつける
- ❻ フリルと衿をつける
- ❺ 袖あき、身八つ口を始末する
- ❷ 脇を縫う
- ❶ おくみをつける
- ❸ 前端、裾を三つ折りで始末
- ❼ ひもをつける

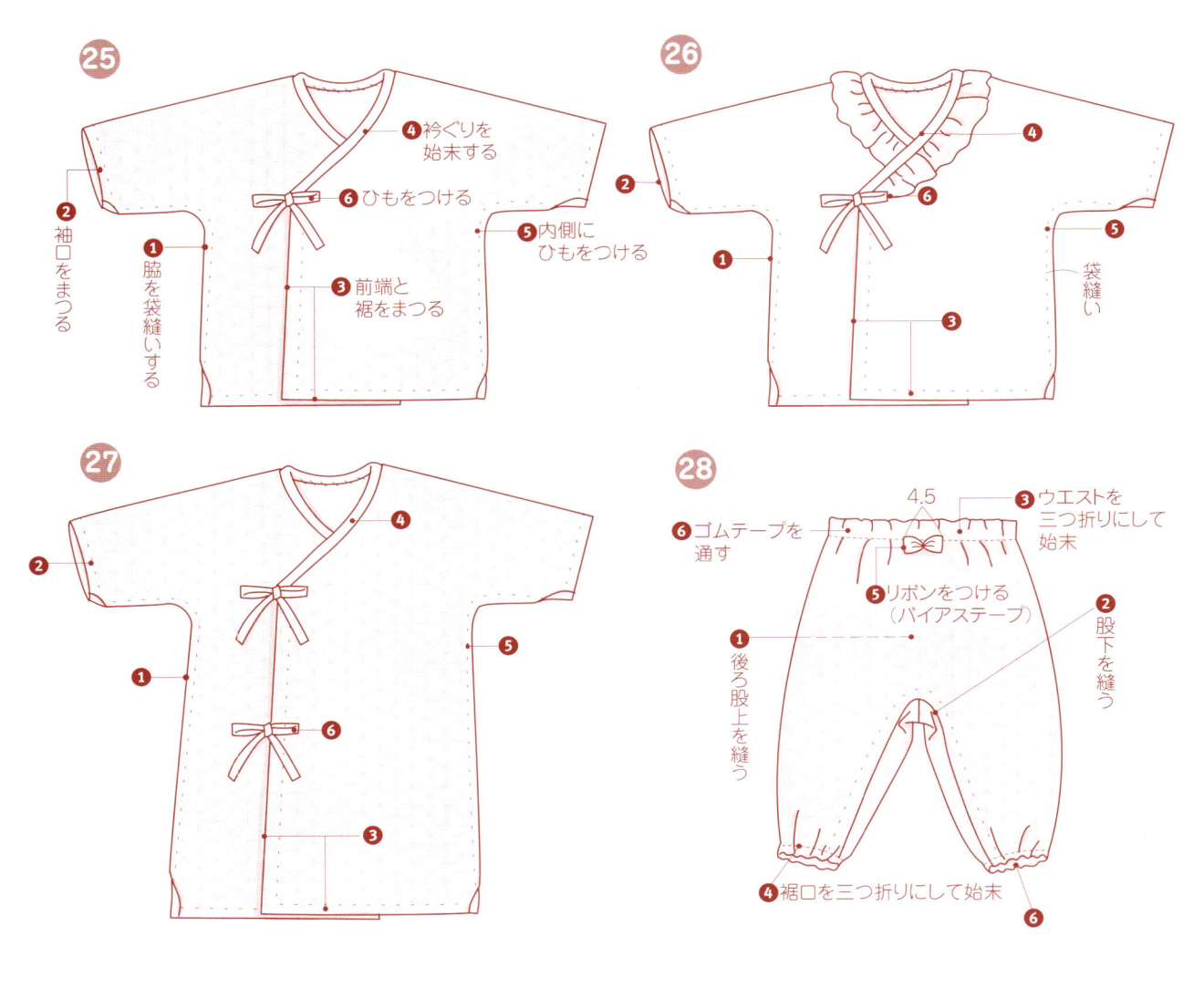

25
- ① 脇を袋縫いする
- ② 袖口をまつる
- ③ 前端と裾をまつる
- ④ 衿ぐりを始末する
- ⑤ 内側にひもをつける
- ⑥ ひもをつける

26
- ①
- ②
- ③
- ④
- ⑤ 袋縫い
- ⑥

27
- ①
- ②
- ③
- ④
- ⑤
- ⑥

28
- ① 後ろ股上を縫う
- ② 股下を縫う
- ③ ウエストを三つ折りにして始末
- ④ 裾口を三つ折りにして始末
- ⑤ リボンをつける（バイアステープ）
- ⑥ ゴムテープを通す

4.5

― パンツの縫い方 ―

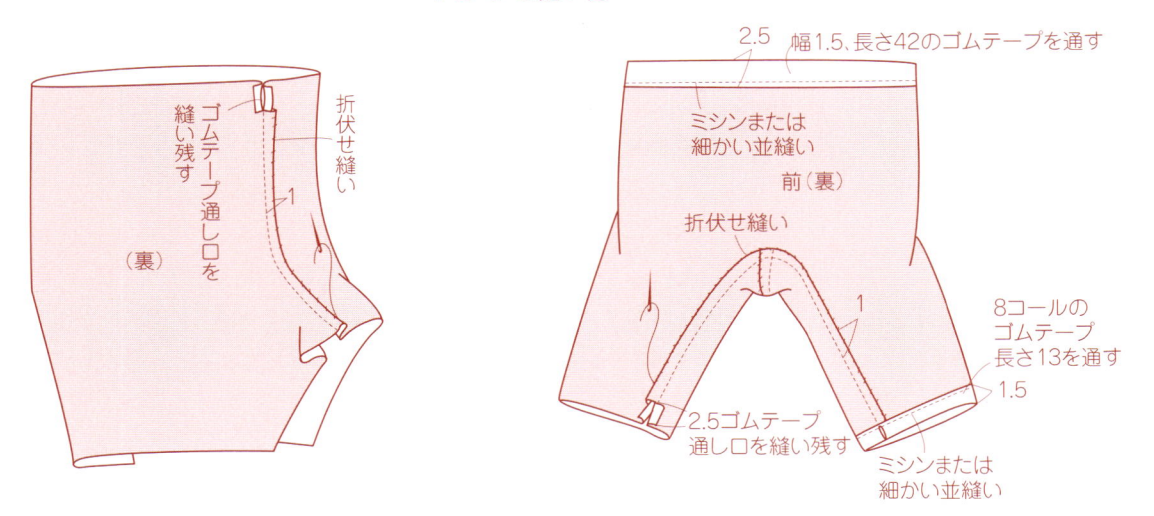

（裏）
ゴムテープ通し口を縫い残す
折伏せ縫い
1

幅1.5、長さ42のゴムテープを通す
2.5
ミシンまたは細かい並縫い
前（裏）
折伏せ縫い
1
8コールのゴムテープ長さ13を通す
1.5
2.5ゴムテープ通し口を縫い残す
ミシンまたは細かい並縫い

61

肌着の縫い方

1まつる
バイアステープ
長さ22
長さ20
0.9
まつる
1

★フリルをつけるとき

しつけ
フリル
テープを伸ばしてつける
わ
（表）
バイアステープ

まつる
0.9
（裏）

きものの縫い方

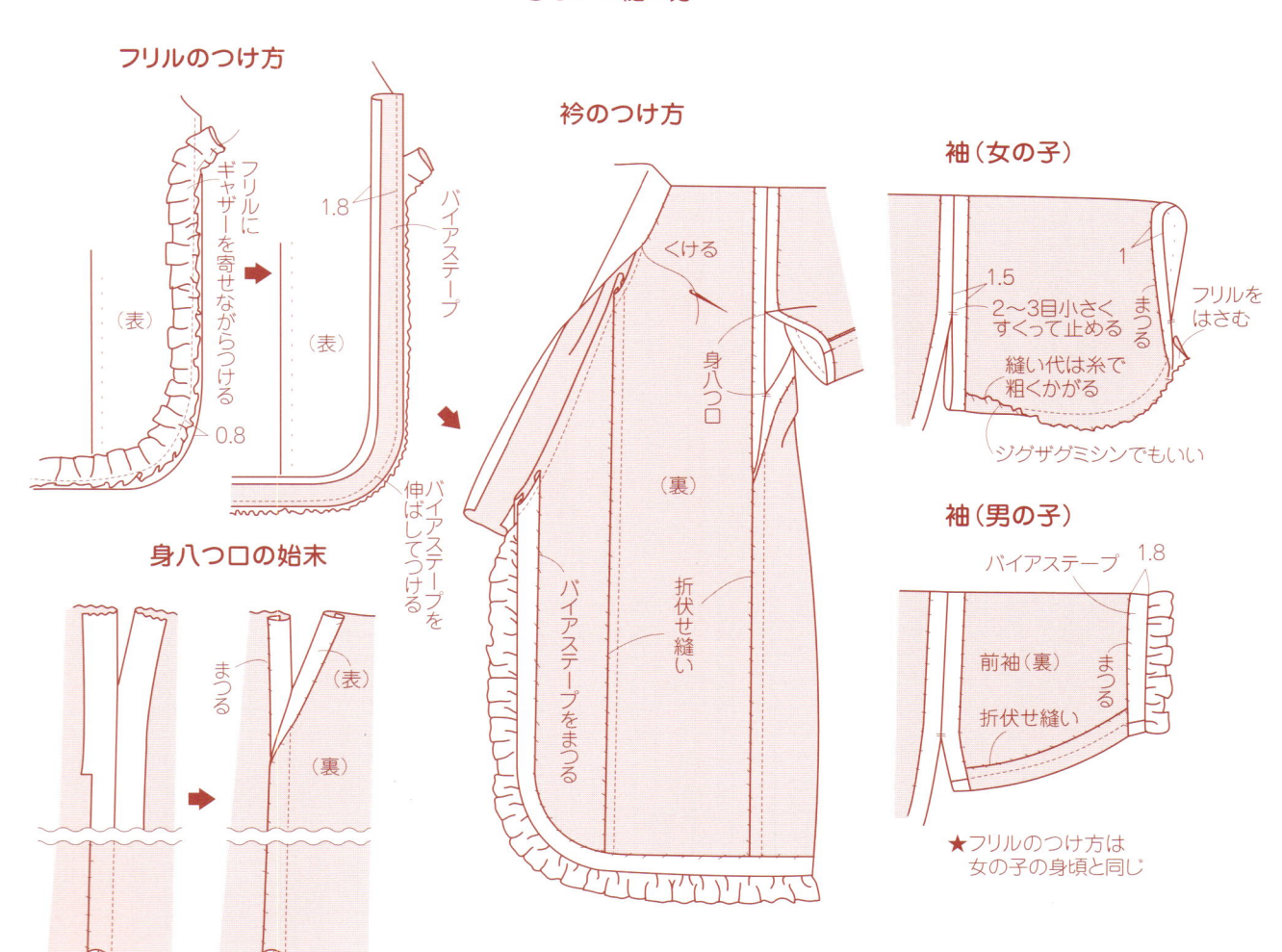

フリルのつけ方

（表）
フリルにギャザーを寄せながらつける
1.8
バイアステープ
（表）
0.8

身八つ口の始末

まつる
（表）
（裏）

衿のつけ方

くける
身八つ口
（裏）
折伏せ縫い
バイアステープを伸ばしてつける
バイアステープをまつる

袖（女の子）

1
1.5
まつる
2〜3目小さくすくって止める
縫い代は糸で粗くかがる
フリルをはさむ
ジグザグミシンでもいい

袖（男の子）

バイアステープ
1.8
前袖（裏）
まつる
折伏せ縫い

★フリルのつけ方は女の子の身頃と同じ

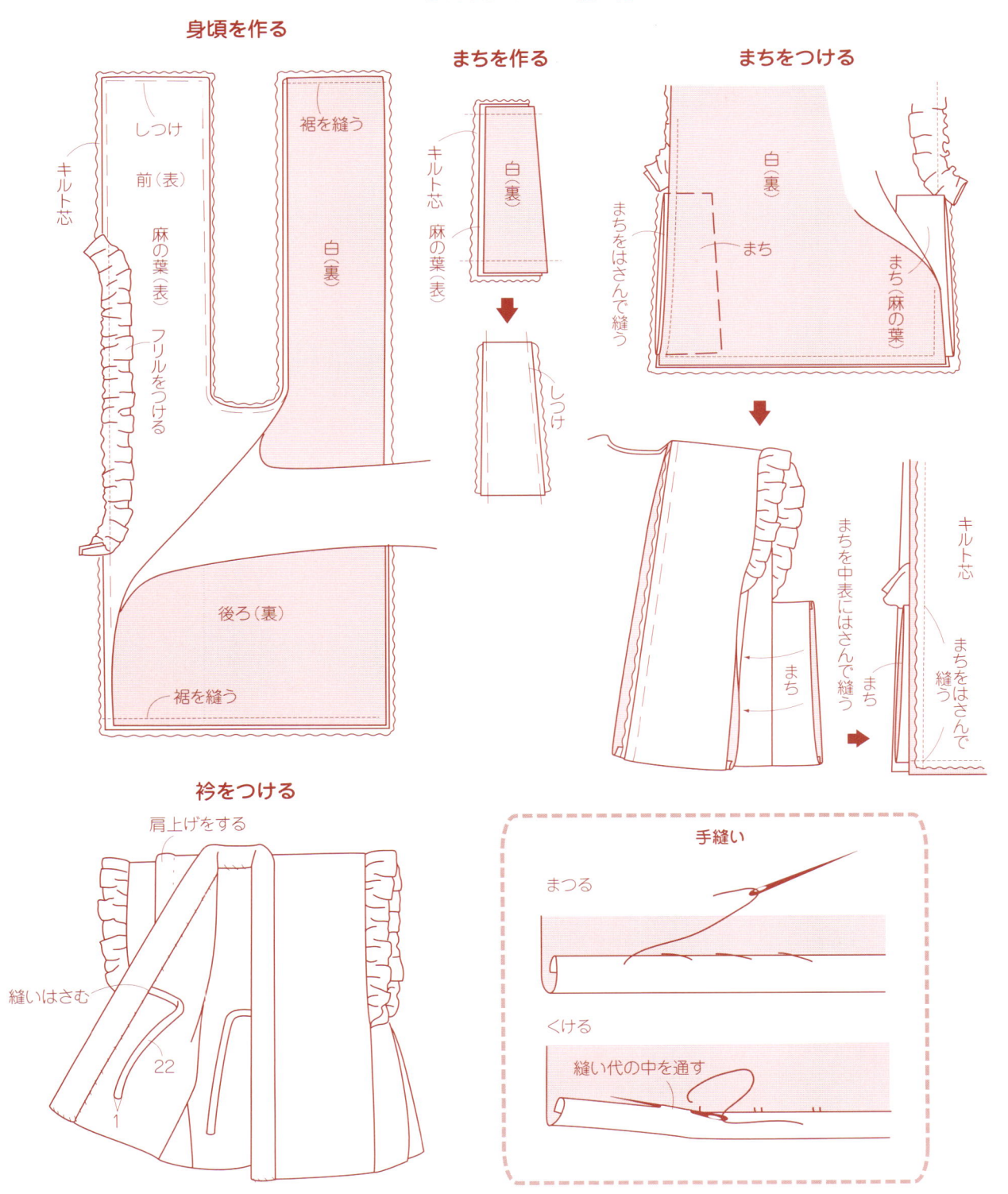

ちゃんちゃんこの縫い方

身頃を作る

キルト芯
しつけ
前（表）
麻の葉（表）
フリルをつける
裾を縫う
白（裏）
後ろ（裏）
裾を縫う

まちを作る

キルト芯
麻の葉（表）
白（裏）
しつけ

まちをつける

白（裏）
まち
まちをはさんで縫う
まち（麻の葉）

まち
まち
まちを中表にはさんで縫う

キルト芯
まちをはさんで縫う

衿をつける

肩上げをする
縫いはさむ
22
1

手縫い

まつる

くける
縫い代の中を通す

㉙ ㉚ ㉛ ㉜ 手ぬぐいじんべえ 18ページ

材料（1セット分）
- 手ぬぐい36×94cmを各2枚
- 8コールのゴムテープ（パンツ分）90cm
- バイアステープ1.2cm幅

作り方ポイント
じんべえは日本手ぬぐいを使って作る。おくみの縫い代は折伏せ縫いにし、前端、裾は三つ折りにしてまつる。袖底の縫い代もおくみと同じように折伏せ縫いにする。衿は2枚をはいで、出来上りに折ってからつけるときれいにできる。袖つけの縫い代は布の耳を利用して裁つ。袖なしのほうは袖ぐりを二つ折りにしてミシンをかける。そのほかの縫い方は袖つきと同じ。内側につけるひもは、共布で作る。パンツは脇を縫う前に裾口にバイアステープをつける。テープはカーブに合わせてアイロンで形を整えておくとつけやすく、仕上りもきれい。

裁合せ図

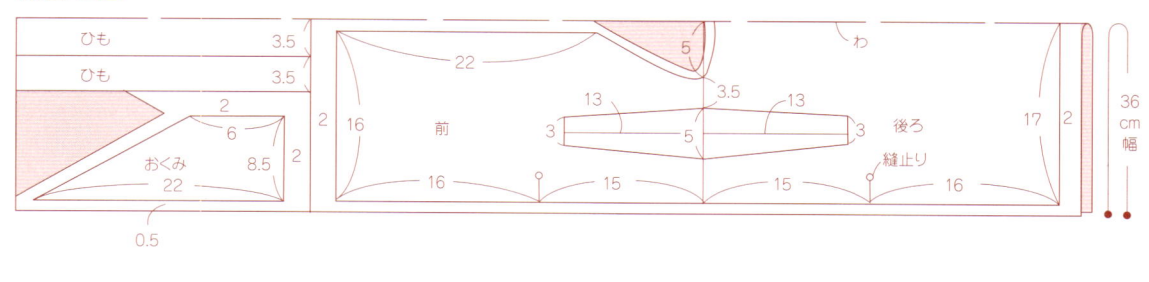

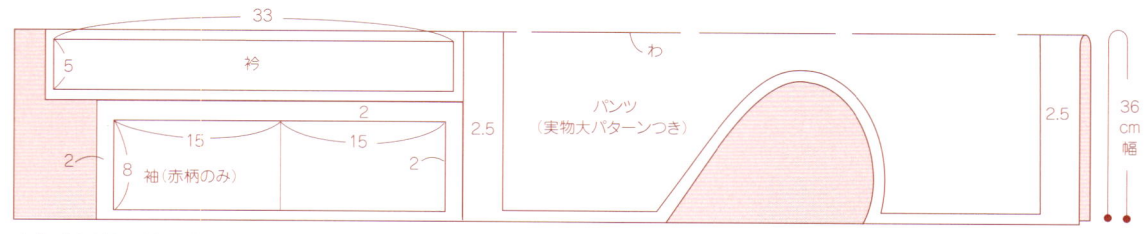

☆指定以外の縫い代は1cm

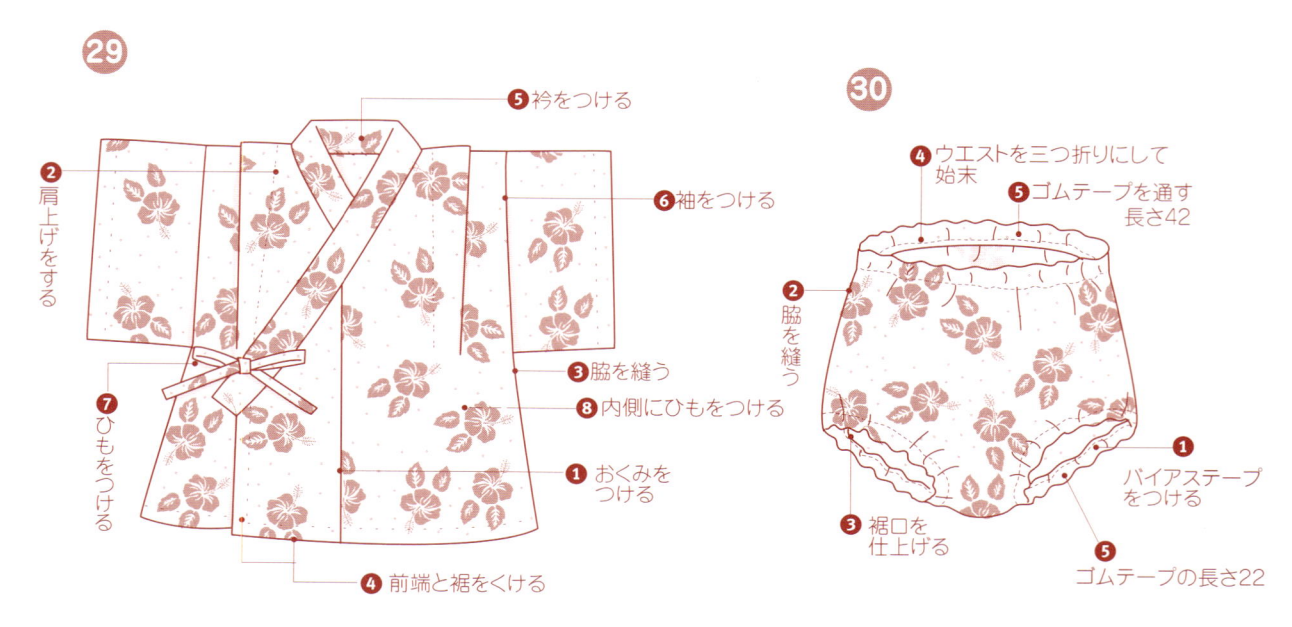

㉙
- ❶ おくみをつける
- ❷ 肩上げをする
- ❸ 脇を縫う
- ❹ 前端と裾をくける
- ❺ 衿をつける
- ❻ 袖をつける
- ❼ ひもをつける
- ❽ 内側にひもをつける

㉚
- ❶ バイアステープをつける
- ❷ 脇を縫う
- ❸ 裾口を仕上げる
- ❹ ウエストを三つ折りにして始末
- ❺ ゴムテープを通す 長さ42
- ❺ ゴムテープの長さ22

㉛

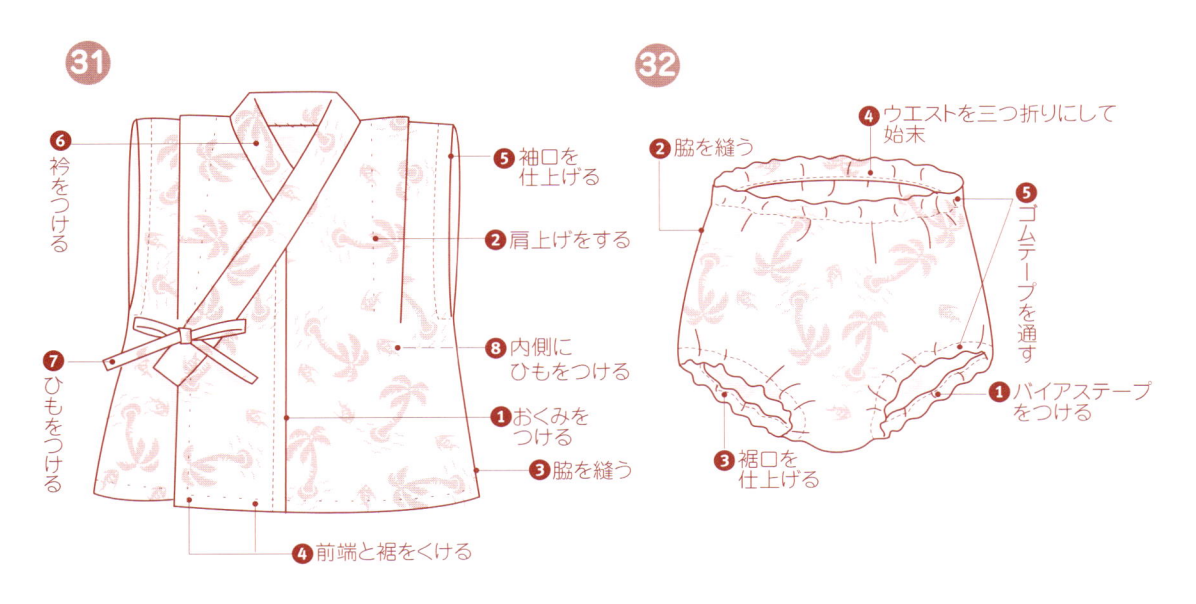

- ❶ おくみをつける
- ❷ 肩上げをする
- ❸ 脇を縫う
- ❹ 前端と裾をくける
- ❺ 袖口を仕上げる
- ❻ 衿をつける
- ❼ ひもをつける
- ❽ 内側にひもをつける

㉜

- ❶ バイアステープをつける
- ❷ 脇を縫う
- ❸ 裾口を仕上げる
- ❹ ウエストを三つ折りにして始末
- ❺ ゴムテープを通す

じんべえの縫い方

おくみをつける

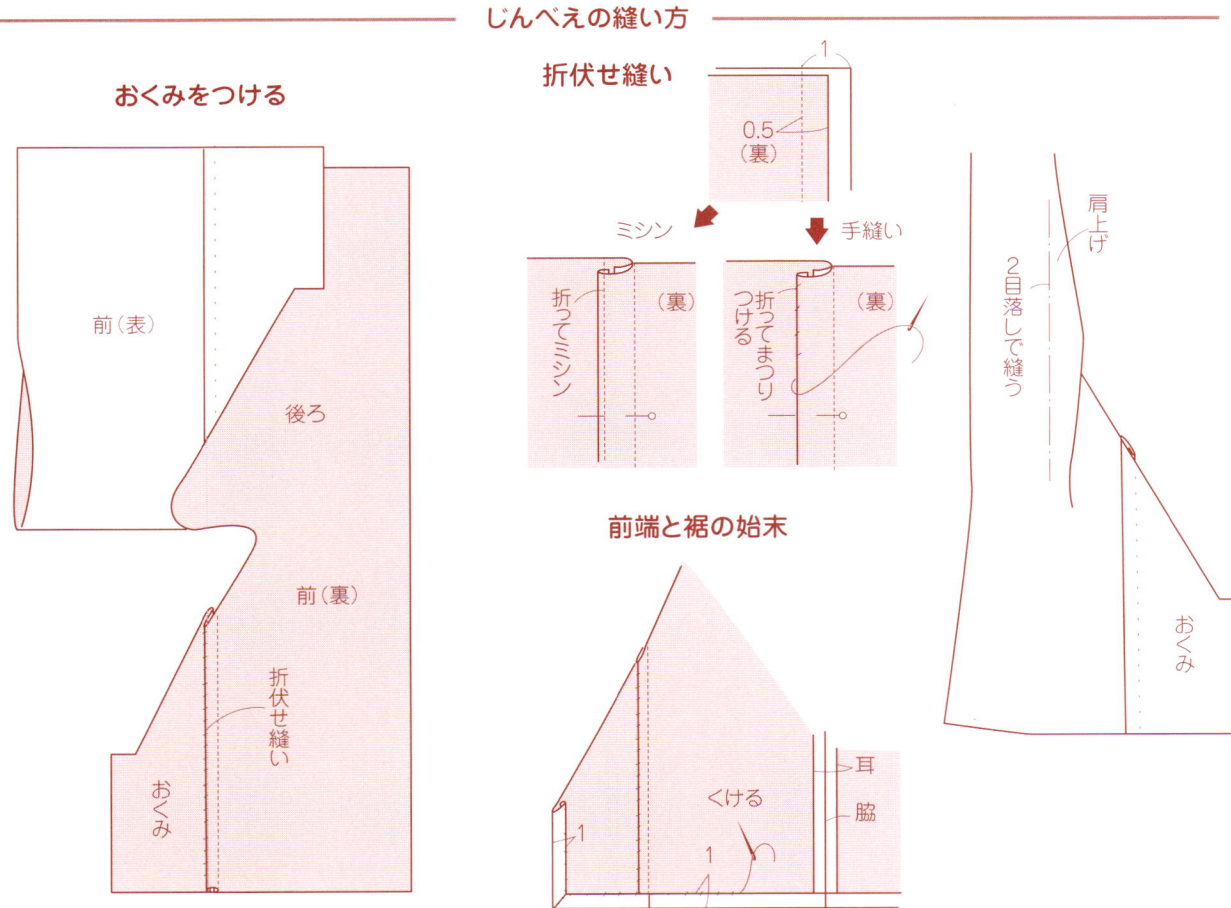

前（表） / 後ろ / 前（裏） / 折伏せ縫い / おくみ

折伏せ縫い

1 / 0.5（裏）

ミシン：折ってミシン（裏）
手縫い：折ってまつりつける（裏）

前端と裾の始末

くける / 耳 / 脇 / 1

肩上げ / 2目落して縫う / おくみ

衿のつけ方

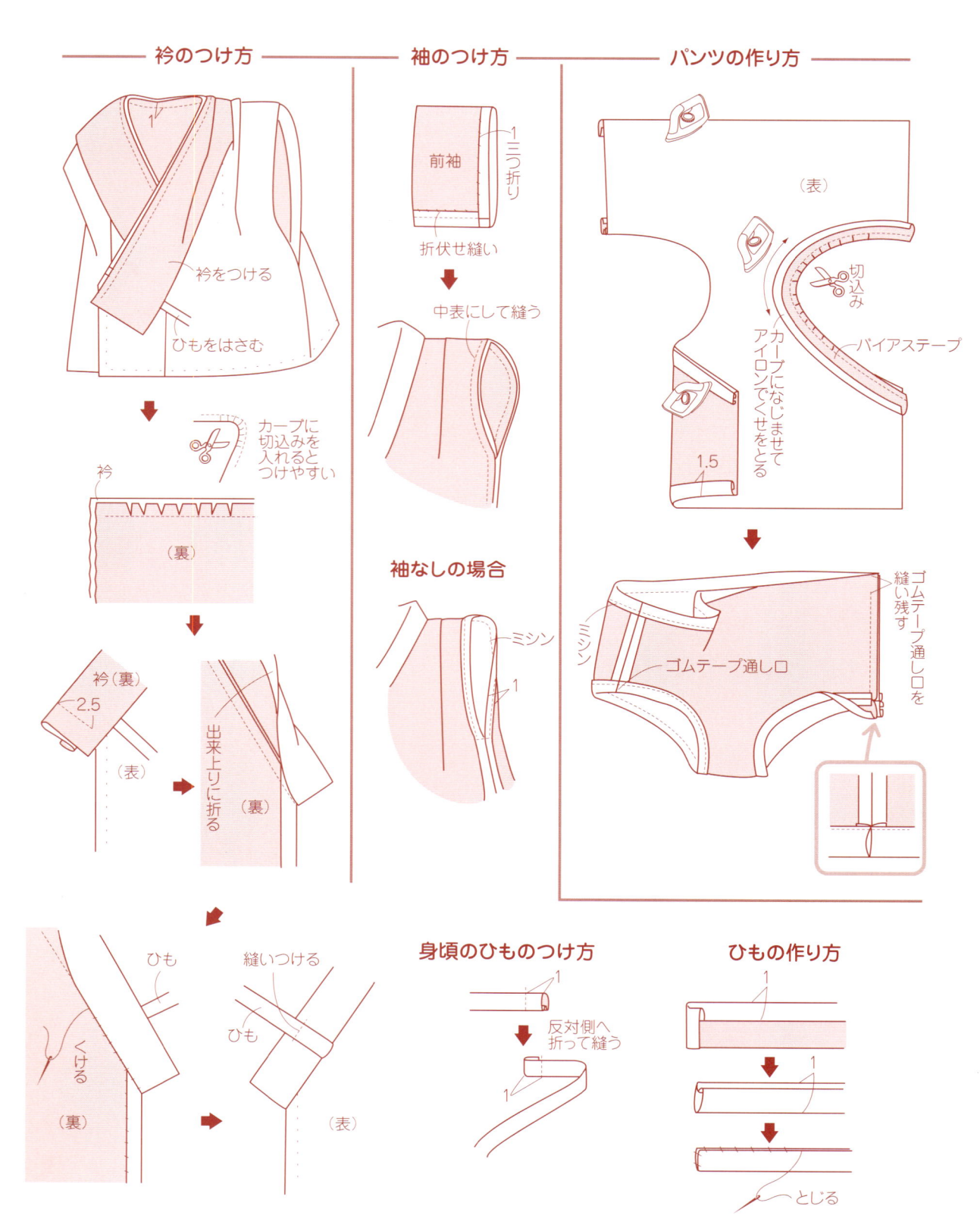

衿をつける
ひもをはさむ
1

衿
（裏）
カーブに切込みを入れるとつけやすい

衿（裏）
2.5
（表）
出来上りに折る
（裏）

ひも
縫いつける
ひも
くける
（裏）
（表）

袖のつけ方

前袖
三つ折り
折伏せ縫い

中表にして縫う

袖なしの場合

ミシン
1

パンツの作り方

（表）
切込み
バイアステープ
カーブになじませてアイロンでくせをとる
1.5

ゴムテープ通し口を縫い残す
ミシン
ゴムテープ通し口

身頃のひものつけ方

1
反対側へ折って縫う
1

ひもの作り方

1
1
とじる

66

㉝ ㉞ ㉟ ㊱ ロンパース、帽子 20ページ

材料

㉝㉞ギンガムチェックのロンパース、帽子
- ギンガムチェック大110cm幅40cm ●ギンガムチェック小110cm幅40cm ●接着芯90cm幅15cm ●くまの飾りテープ40cm ●8コールのゴムテープ60cm ●スナップボタン直径1.1cmを8組み ●サイズリボン2.5cm幅45cm

㉟㊱フリルロンパース、帽子
- プリント木綿110cm幅1m10cm ●接着芯10×20cm ●8コールのゴムテープ50cm ●レース0.5cm幅3m80cm ●スナップボタン直径1.1cmを8組み ●サイズリボン2.5cm幅55cm

作り方ポイント

チェックロンパースの裾口は出来上がりに三つ折りにしてゴムテープを通し、縫い止めておく。フリルロンパースの肩フリルは袖ぐりを始末するときにはさみ込む。

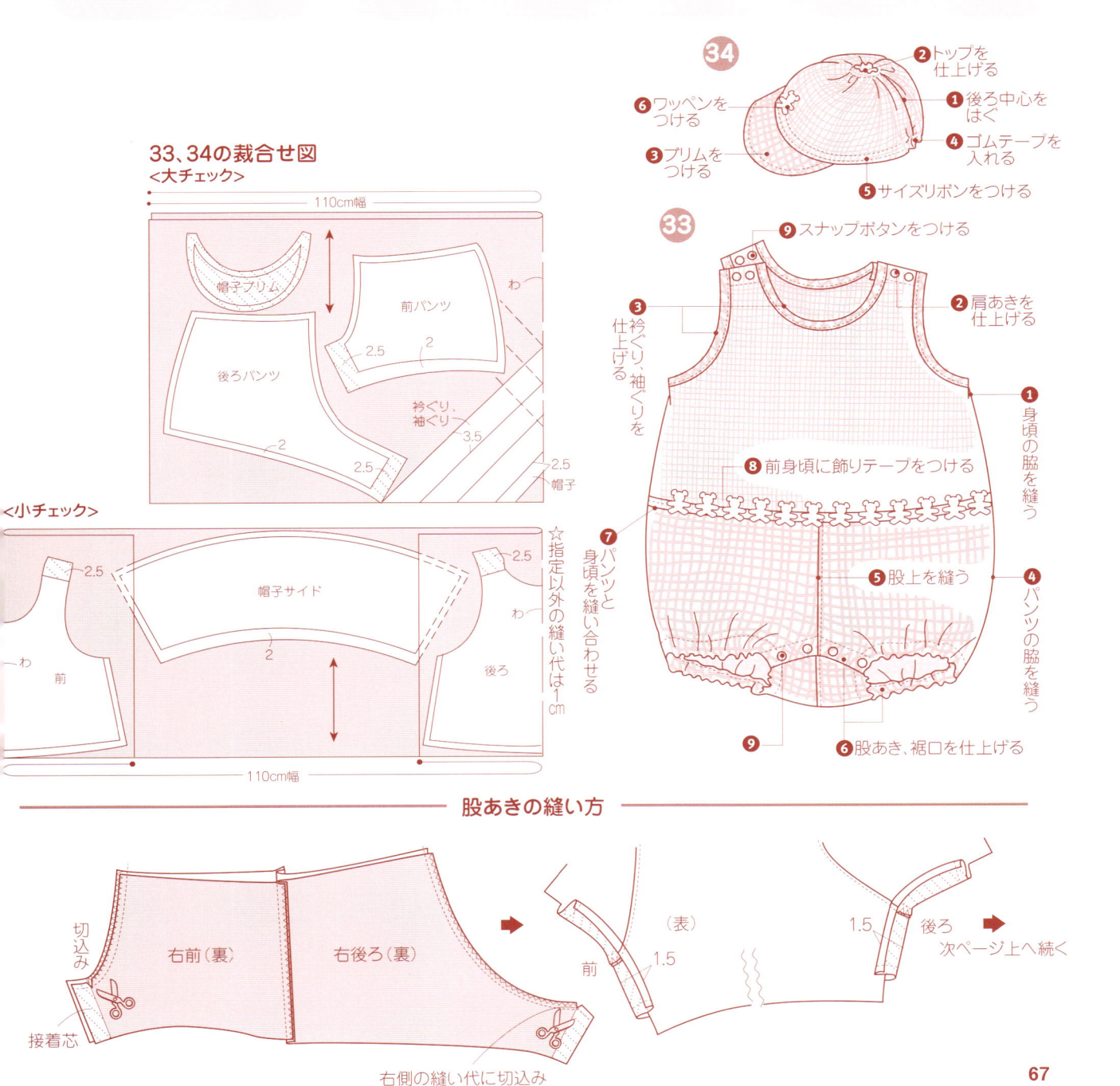

33、34の裁合せ図

＜大チェック＞
- 110cm幅
- 帽子ブリム
- 前パンツ
- 後ろパンツ
- 衿ぐり、袖ぐり
- 2.5 / 2 / 3.5 / 2.5 / 2.5 帽子

＜小チェック＞
- 2.5
- 帽子サイド 2
- 前 / 後ろ / わ
- 110cm幅
- ☆指定以外の縫い代は1cm

34 (帽子)
1. 後ろ中心をはぐ
2. トップを仕上げる
3. ブリムをつける
4. ゴムテープを入れる
5. サイズリボンをつける
6. ワッペンをつける

33 (ロンパース)
1. 身頃の脇を縫う
2. 肩あきを仕上げる
3. 衿ぐり、袖ぐりを仕上げる
4. パンツの脇を縫う
5. 股上を縫う
6. 股あき、裾口を仕上げる
7. パンツと身頃を縫い合わせる
8. 前身頃に飾りテープをつける
9. スナップボタンをつける

股あきの縫い方

- 切込み
- 接着芯
- 右前（裏）
- 右後ろ（裏）
- 右側の縫い代に切込み
- 前 1.5（表）
- 後ろ 1.5
- 次ページ上へ続く

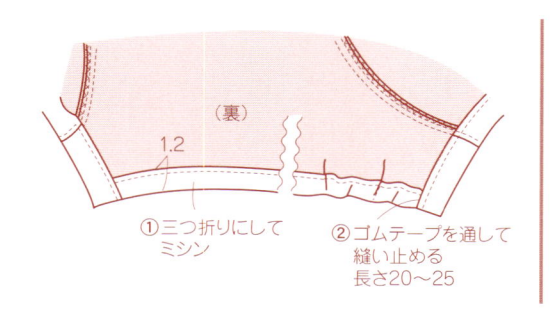

衿ぐり、袖ぐりの始末

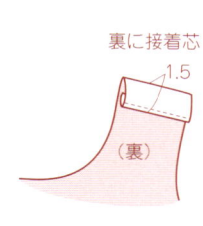

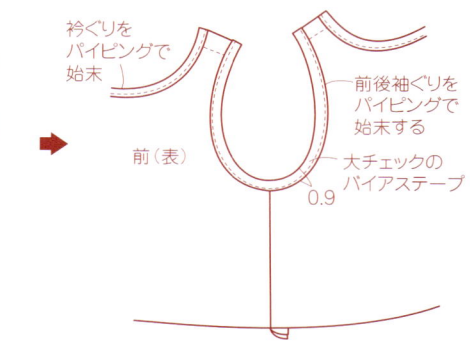

①三つ折りにしてミシン
1.2
(裏)
②ゴムテープを通して縫い止める 長さ20～25

裏に接着芯
1.5
(裏)

衿ぐりをパイピングで始末
前後袖ぐりをパイピングで始末する
前(表)
大チェックのバイアステープ
0.9

35

① 肩を縫う
② 肩フリルをつける
③ 脇を縫う
④ 袖ぐりを仕上げる
⑤ 前端を仕上げる
⑥ 衿ぐりを仕上げる
⑦ パンツの脇を縫う
⑧ 股上を縫う
⑨ 裾口、股あきを始末する
⑩ フリルをつける
⑪ 身頃とパンツを縫い合わせる
⑫ スナップボタンをつける

36

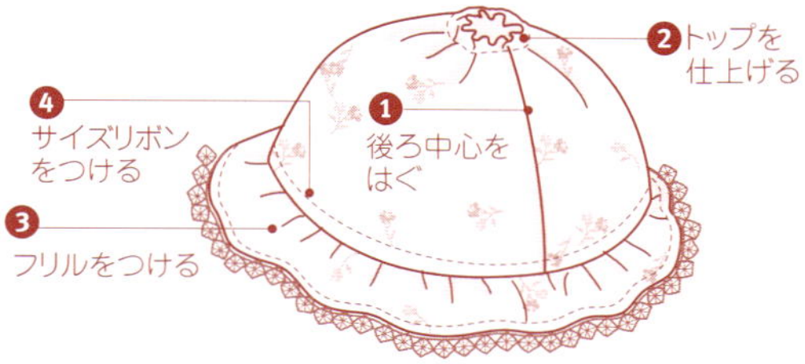

① 後ろ中心をはぐ
② トップを仕上げる
③ フリルをつける
④ サイズリボンをつける

35の裁合せ図

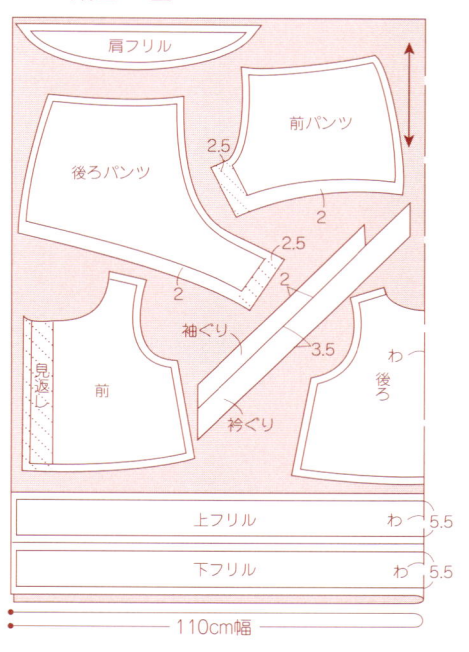

肩フリル
前パンツ
後ろパンツ
2.5
2
2.5
2
見返し
前
袖ぐり
3.5
後ろ
わ
衿ぐり
上フリル　わ　5.5
下フリル　わ　5.5
110cm幅

36の裁合せ図

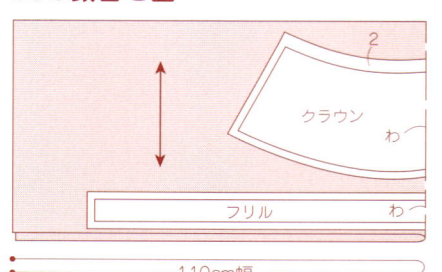

2
クラウン　わ
フリル　わ
110cm幅

☆指定以外の縫い代は1cm

肩フリルのつけ方

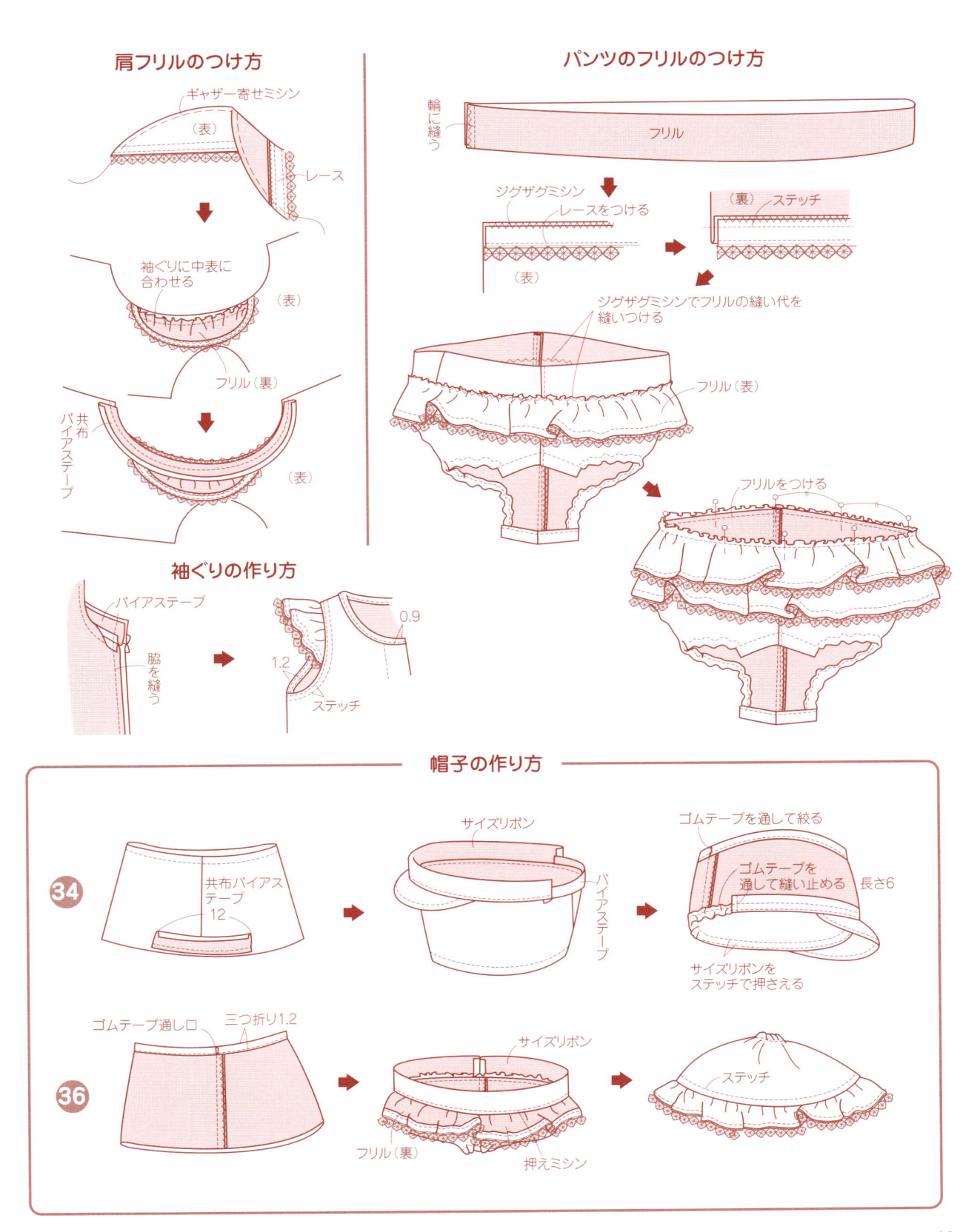

- ギャザー寄せミシン
- （表）
- レース
- 袖ぐりに中表に合わせる
- （表）
- フリル（裏）
- 共布バイアステープ
- （表）

パンツのフリルのつけ方

- 輪に縫う
- フリル
- ジグザグミシン
- レースをつける
- （表）
- （裏）ステッチ
- ジグザグミシンでフリルの縫い代を縫いつける
- フリル（表）
- フリルをつける

袖ぐりの作り方

- バイアステープ
- 脇を縫う
- 0.9
- 1.2
- ステッチ

帽子の作り方

34
- 共布バイアステープ 12
- サイズリボン
- バイアステープ
- ゴムテープを通して絞る
- ゴムテープを通して縫い止める 長さ6
- サイズリボンをステッチで押さえる

36
- ゴムテープ通し口
- 三つ折り1.2
- サイズリボン
- フリル（裏）
- 押えミシン
- ステッチ

69

㊲ ㊳ ㊴ ㊵
スモック＆ブルーマーズ　　22ページ

材料

㊲㊳ ピンクのスモック、ブルーマーズ
●プリントダンガリー 110cm幅 80cm (75、80) 90cm (90)　●ギンガムチェック小 110cm幅 60cm　●8コールのゴムテープ 1m40cm

㊴㊵ オレンジのスモック、ブルーマーズ
●プリントダンガリー 110cm幅 40cm (75、80) 50cm (90)
●ギンガムチェック 110cm幅 70cm　●8コールのゴムテープ 1m40cm

作り方ポイント

㊲の袖口はつける前に出来上りに三つ折りにしてアイロンをかけておく。衿ぐりは袖をつけてから三つ折りミシンで始末をする。この場合もアイロンで押さえてからミシンをかけると、簡単できれいにできる。

37、38の裁合せ図
＜ギンガムチェック＞

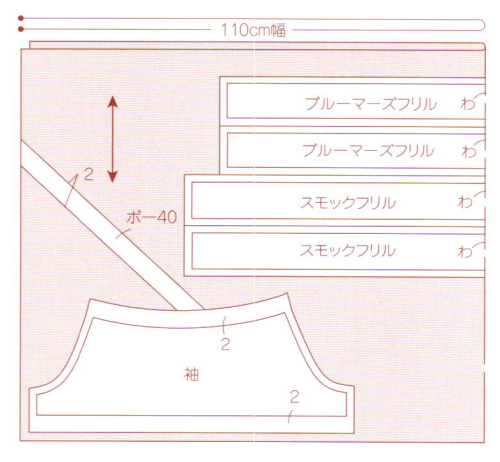

＜プリントダンガリー＞

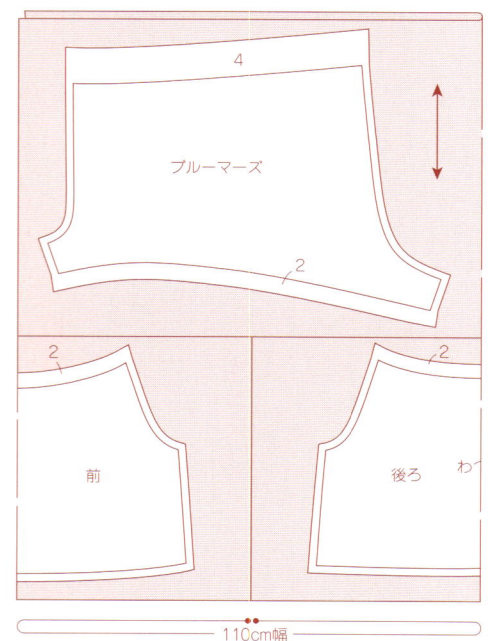

☆指定以外の縫い代は1cm

㊲

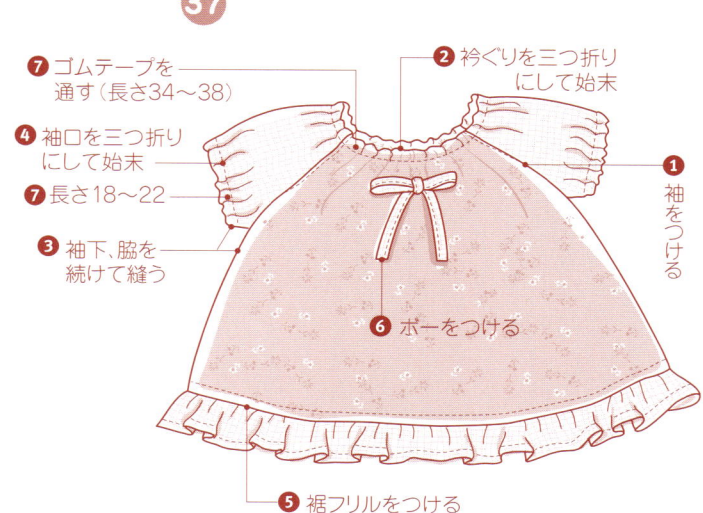

❶ 袖をつける
❷ 衿ぐりを三つ折りにして始末
❸ 袖下、脇を続けて縫う
❹ 袖口を三つ折りにして始末
❺ 裾フリルをつける
❻ ボーをつける
❼ ゴムテープを通す（長さ34〜38）
❼ 長さ18〜22

㊳

❶ 股上を縫う
❷ フリルをつける
❸ 股下を縫う
❹ 裾口を三つ折りにして始末
❺ ウエストを三つ折りにして始末
❻ ゴムテープを通す 長さ40〜44
❻ ゴムテープを通す 長さ22〜25

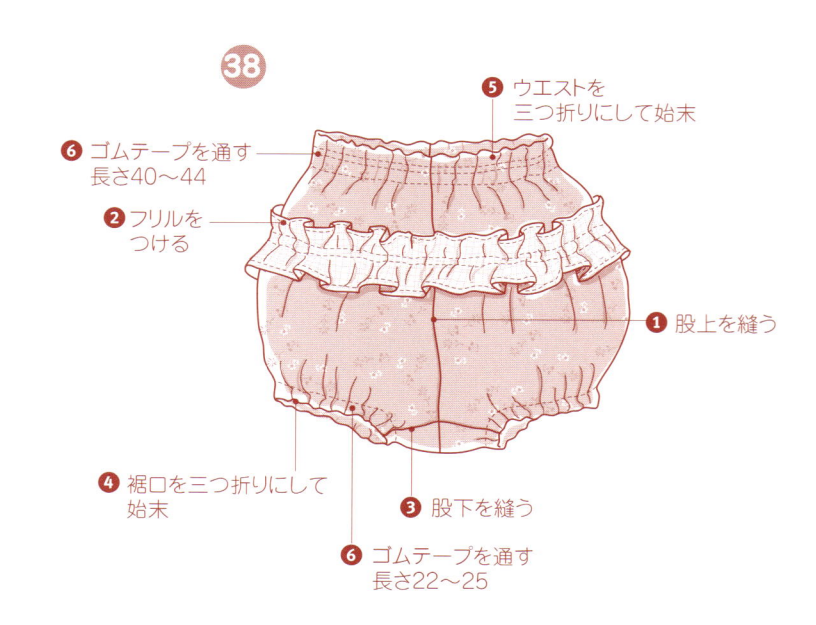

39、40の裁合せ図

<ギンガムチェック>

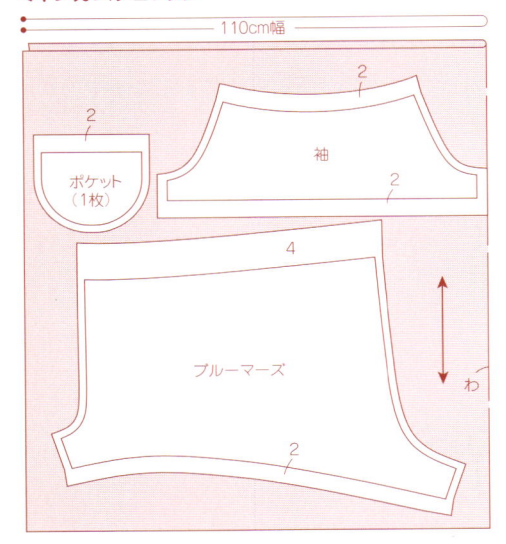

110cm幅

- 2
- ポケット（1枚）
- 袖
- 2
- 2
- 4
- ブルーマーズ
- わ
- 2

<プリントダンガリー>

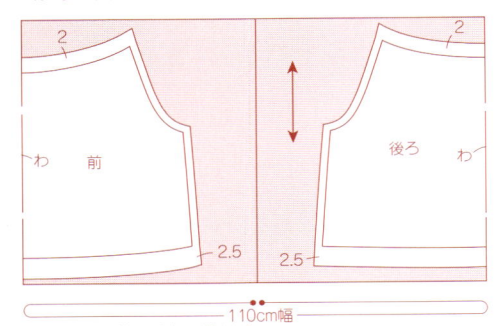

- 2
- 2
- わ 前
- 後ろ わ
- 2.5
- 2.5
- 110cm幅

☆指定以外の縫い代は1cm

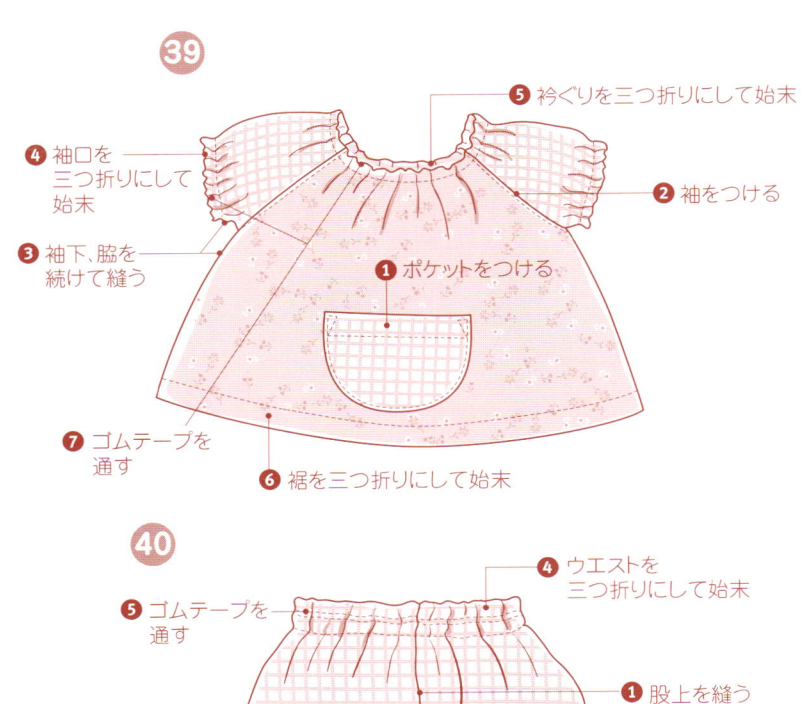

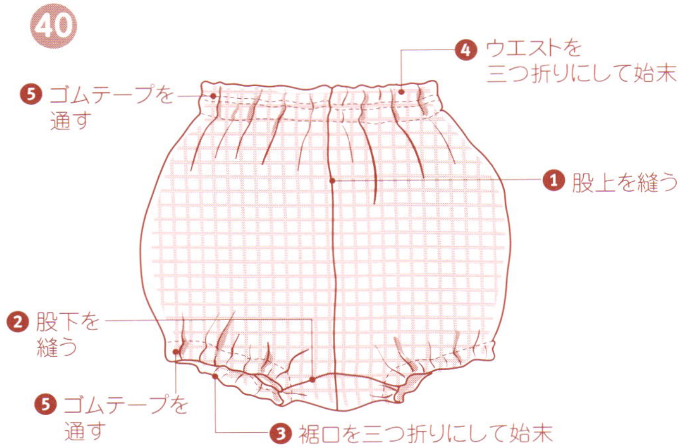

㊴

- ❶ ポケットをつける
- ❷ 袖をつける
- ❸ 袖下、脇を続けて縫う
- ❹ 袖口を三つ折りにして始末
- ❺ 衿ぐりを三つ折りにして始末
- ❻ 裾を三つ折りにして始末
- ❼ ゴムテープを通す

㊵

- ❶ 股上を縫う
- ❷ 股下を縫う
- ❸ 裾口を三つ折りにして始末
- ❹ ウエストを三つ折りにして始末
- ❺ ゴムテープを通す
- ❺ ゴムテープを通す

ブルーマーズの縫い方

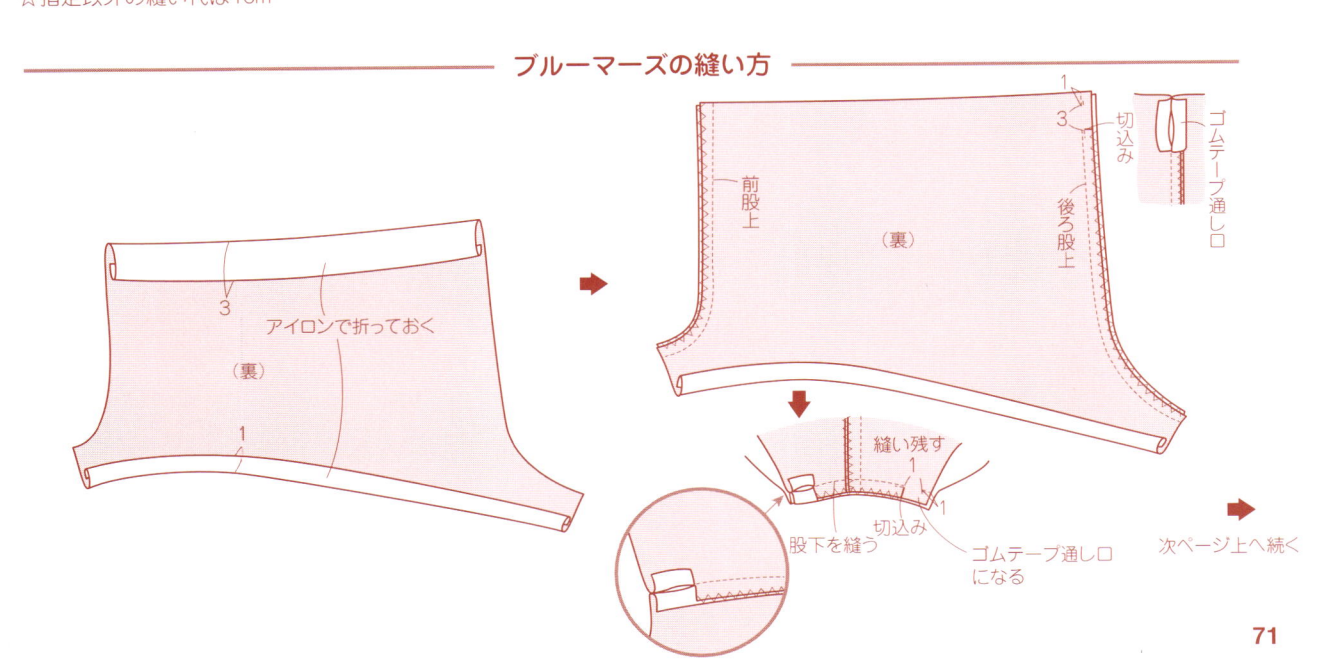

- アイロンで折っておく
- （裏）
- 3
- 1
- 前股上
- 後ろ股上
- （裏）
- 1
- 3
- 切込み
- ゴムテープ通し口
- 縫い残す
- 1
- 1
- 切込み
- 股下を縫う
- ゴムテープ通し口になる

→ 次ページ上へ続く

71

0.5
1
0.5
フリルをつける

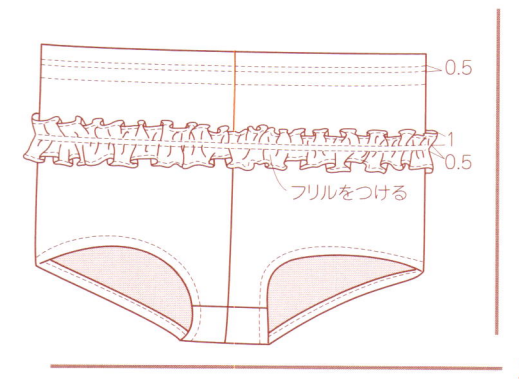

ポケットの作り方

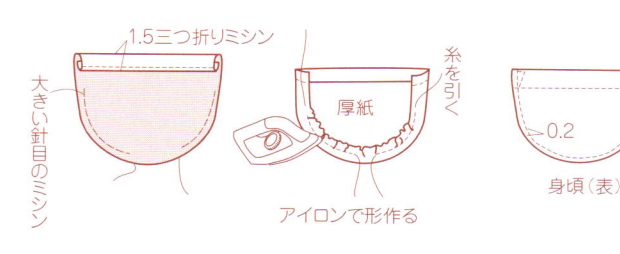

1.5三つ折りミシン
大きい針目のミシン
糸を引く
厚紙
アイロンで形作る
三角に縫い残す
0.2
身頃（表）

スモックの縫い方

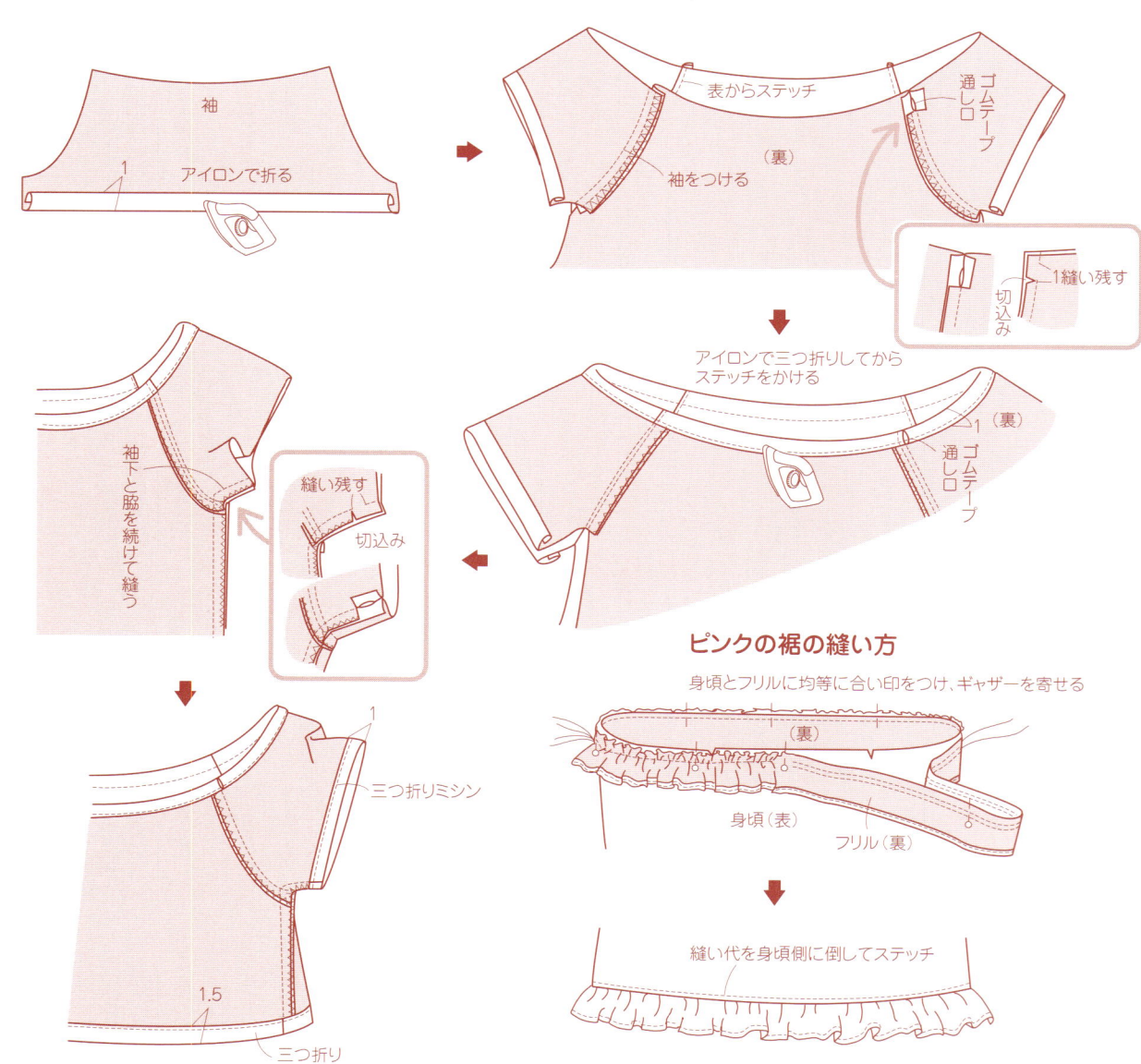

袖
アイロムで折る
1

表からステッチ
袖をつける
ゴムテープ通し口
（裏）
1縫い残す
切込み

アイロンで三つ折りしてから
ステッチをかける
（裏）
1
ゴムテープ通し口

袖下と脇を続けて縫う
縫い残す
切込み

三つ折りミシン
1
1.5
三つ折り

ピンクの裾の縫い方

身頃とフリルに均等に合い印をつけ、ギャザーを寄せる
（裏）
身頃（表）
フリル（裏）

縫い代を身頃側に倒してステッチ

㊶ ㊷ ㊸ ㊹ デニムセット　24ページ

材料

㊶ ㊷ パーカ、サロペット
● デニム110cm幅でサロペット用1m10cm、パーカ用90cm
● 接着芯90cm幅50cm　● ファスナップ2.5cm幅30cm
● スナップボタン直径1.5cmを4組み　● 8コールのゴムテープ30cm　● ファスナップ2.5cm幅60cm　● ロープ太さ0.5cmを1m　● 金具内径3cmを2組み

㊸ ㊹ ロンパース、帽子
● デニム110cm幅でロンパース用1m40cm、帽子用40cm
● 接着芯90cm幅50cm　● スナップボタン 直径1.1cmを4組み　● 8コールのゴムテープ50cm　● サイズリボン2.5cm幅55cm　● 1.2cm幅バイアステープ　● 金具内径3cmを2組み

作り方ポイント
㊸のパンツの股あきの作り方は67ページのロンパースと同じ。

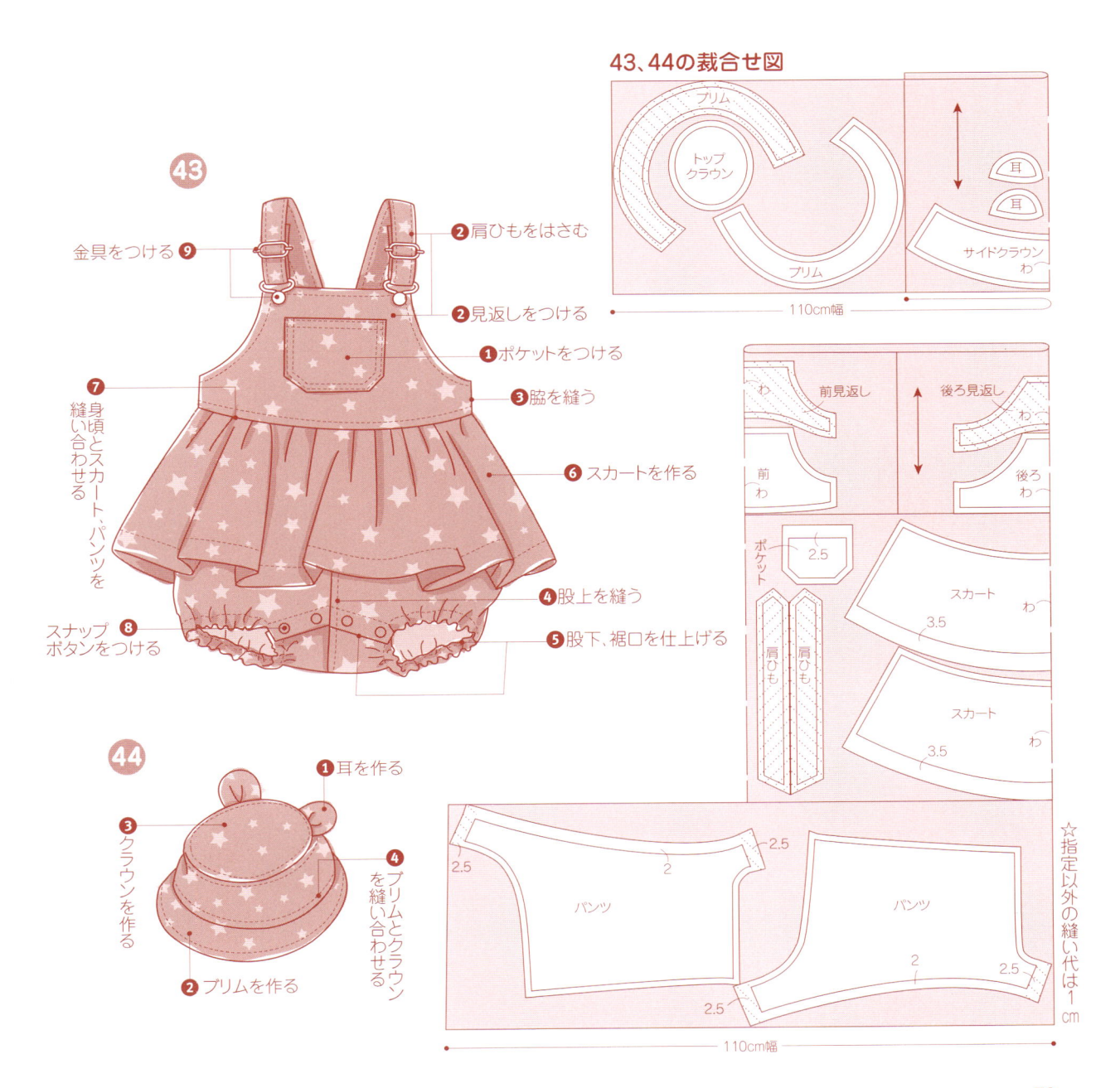

43、44の裁合せ図

㊸
❶ ポケットをつける
❷ 肩ひもをはさむ
❷ 見返しをつける
❸ 脇を縫う
❹ 股上を縫う
❺ 股下、裾口を仕上げる
❻ スカートを作る
❼ 身頃とスカート、パンツを縫い合わせる
❽ スナップボタンをつける
❾ 金具をつける

㊹
❶ 耳を作る
❷ ブリムを作る
❸ クラウンを作る
❹ ブリムとクラウンを縫い合わせる

☆指定以外の縫い代は1cm

73

42の裁合せ図

- 前ポケット 2
- 肩ひも
- 後ろ見返し わ
- 前見返し わ
- 後ろポケット わ
- 胸ポケット 2
- 前パンツ 2.5
- 後ろパンツ 2.5
- 110cm幅
- ☆指定以外の縫い代は1cm

42

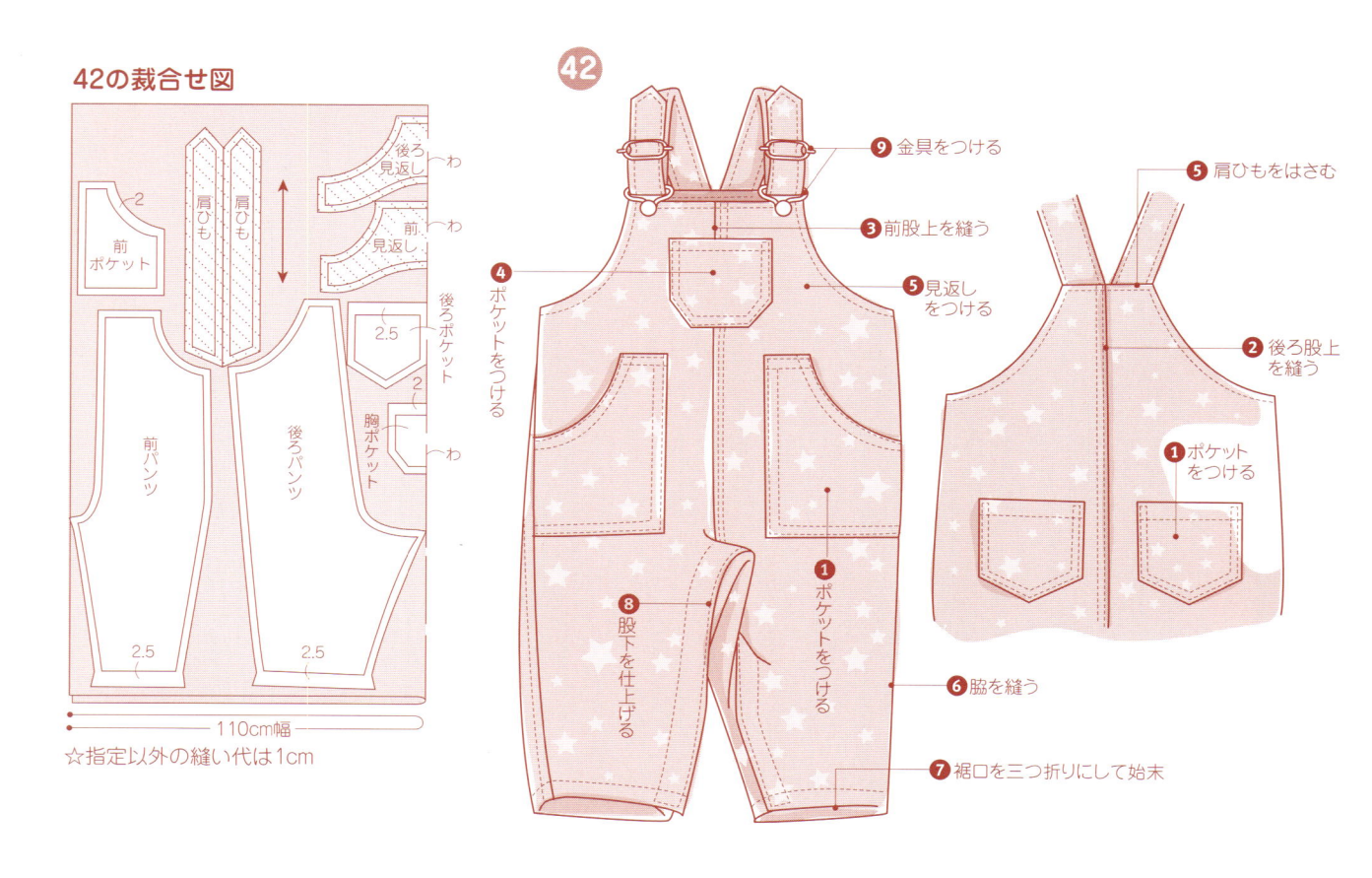

- ❹ ポケットをつける
- ❸ 前股上を縫う
- ❾ 金具をつける
- ❺ 肩ひもをはさむ
- ❺ 見返しをつける
- ❷ 後ろ股上を縫う
- ❶ ポケットをつける
- ❻ 脇を縫う
- ❽ 股下を仕上げる
- ❼ 裾口を三つ折りにして始末

41

- ❸ フードを作り、つける
- ❷ 肩を縫う
- ❹ 見返しをつける
- ❺ 袖をつける
- ❾ スナップボタンをつける
- ❿ ロープを通す
- ❶ ポケットをつける
- ❻ 袖下、脇を続けて縫う
- ❼ 裾を三つ折りにして始末
- ❽ 袖口を仕上げる

41の裁合せ図

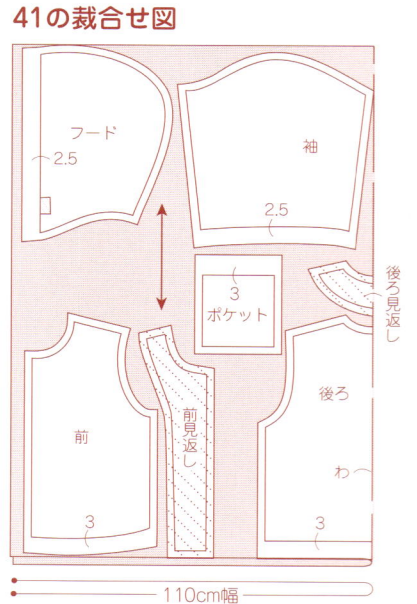

- フード 2.5
- 袖 2.5
- 後ろ見返し
- ポケット 3
- 後ろ
- 前
- 前見返し わ
- 3
- 3
- 110cm幅
- ☆指定以外の縫い代は1cm

パーカの作り方

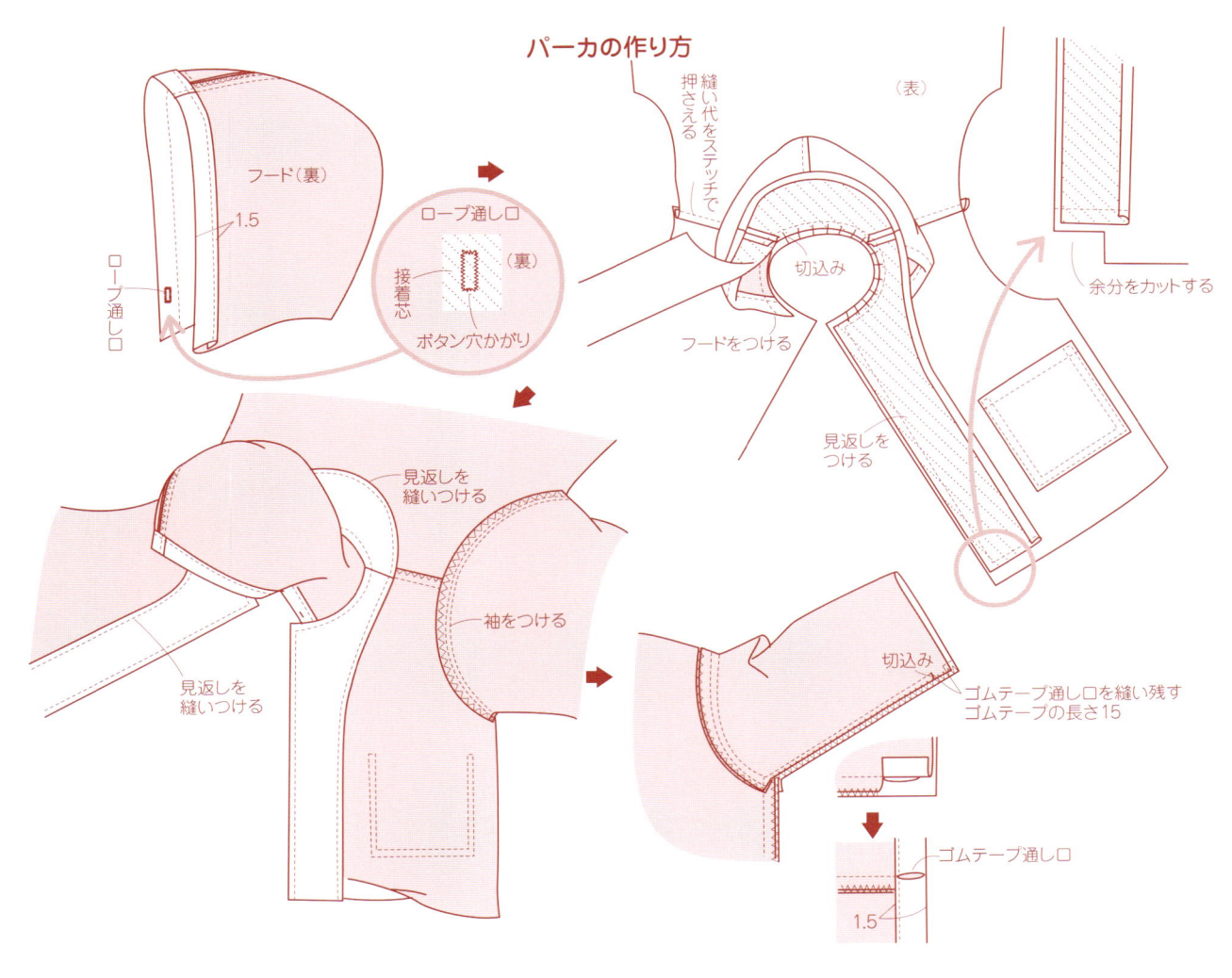

フード（裏）
1.5
ロープ通し口
ロープ通し口
接着芯
（裏）
ボタン穴かがり

縫い代をステッチで押さえる
（表）
切込み
フードをつける
見返しをつける
余分をカットする

見返しを縫いつける
袖をつける
見返しを縫いつける

切込み
ゴムテープ通し口を縫い残す
ゴムテープの長さ15
ゴムテープ通し口
1.5

帽子の作り方

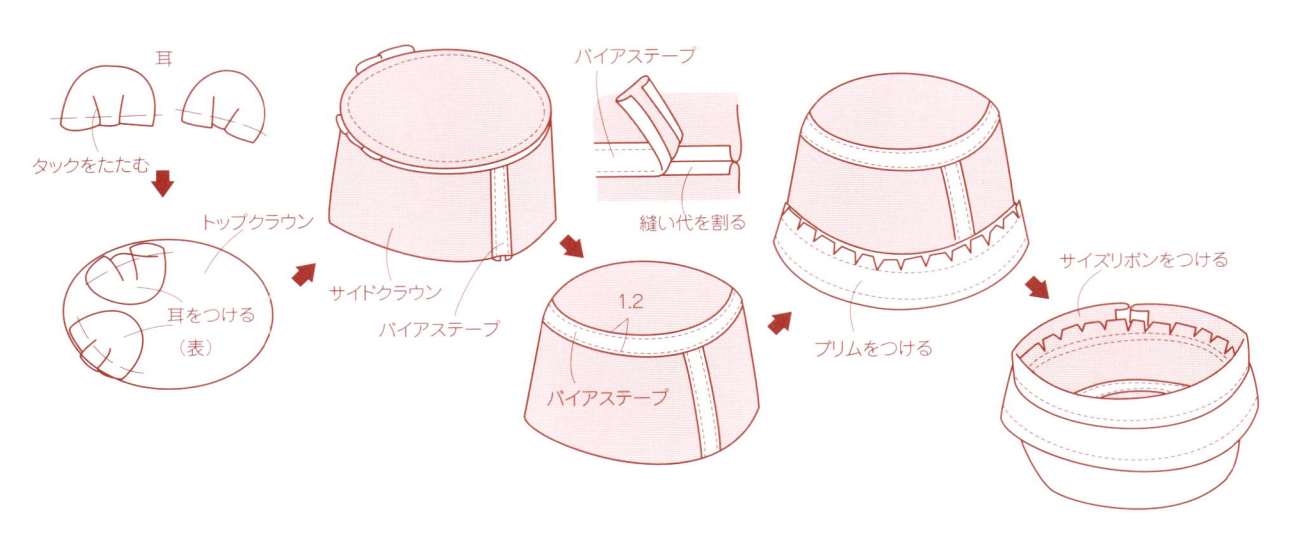

耳
タックをたたむ
トップクラウン
耳をつける（表）
サイドクラウン
バイアステープ

バイアステープ
縫い代を割る
1.2
バイアステープ

プリムをつける
サイズリボンをつける

サロペットの縫い方

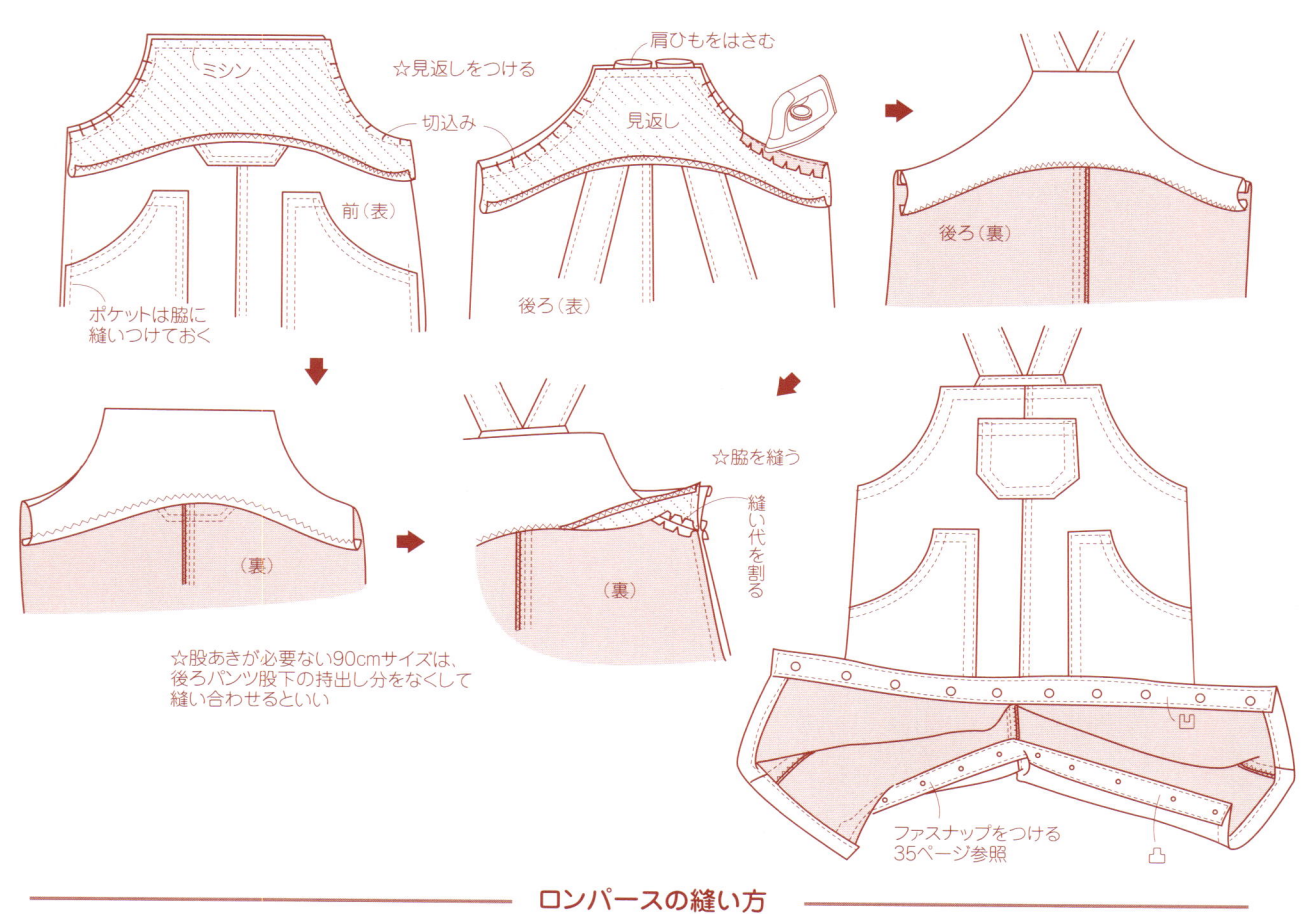

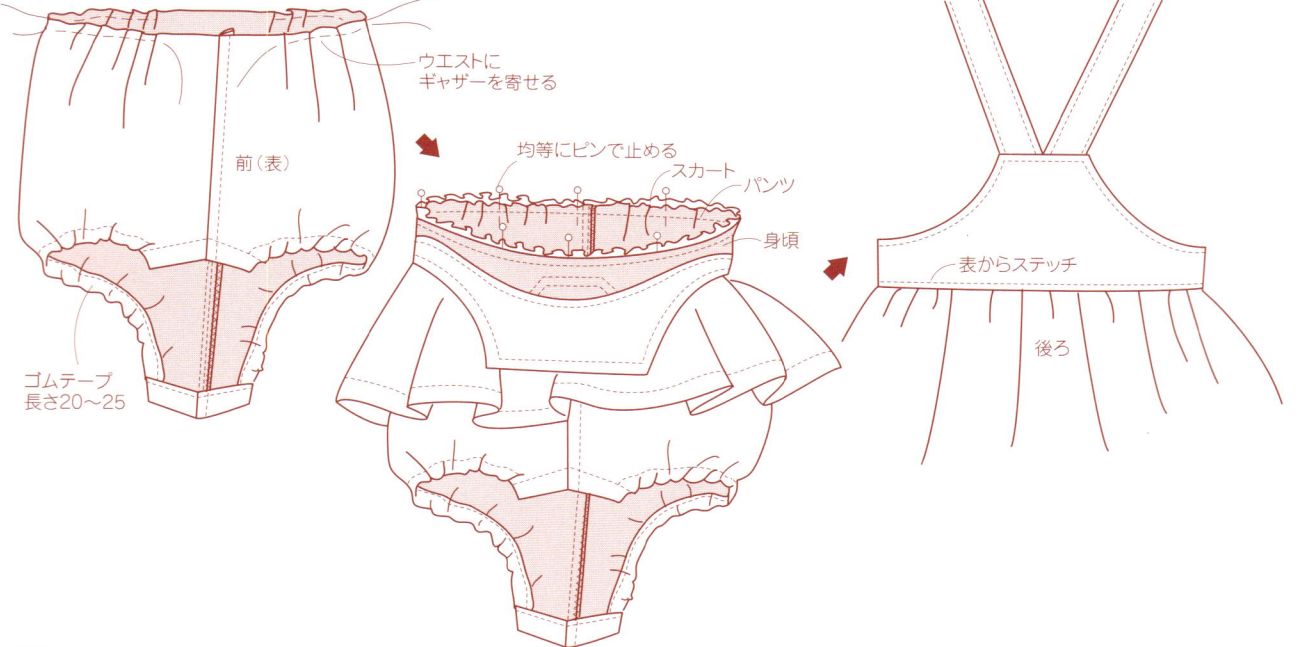

ミシン
☆見返しをつける
切込み
前(表)
ポケットは脇に縫いつけておく

肩ひもをはさむ
見返し
後ろ(表)

後ろ(裏)

(裏)

☆股あきが必要ない90cmサイズは、後ろパンツ股下の持出し分をなくして縫い合わせるといい

☆脇を縫う
縫い代を割る
(裏)

ファスナップをつける
35ページ参照

ロンパースの縫い方

ウエストにギャザーを寄せる
前(表)
ゴムテープ 長さ20〜25

均等にピンで止める
スカート
パンツ
身頃

表からステッチ
後ろ

㊺ ㊻ ふわふわマント　26ページ

材料
㊺ ファーテープのまっ白マント
● フリース150cm幅90cm　● 白フェルト5×10cm　● 接着芯6×30cm　● ファーテープ2.5cm幅3m30cm　● スナップ大3組み
㊻ 赤のフリンジマント
● フリース150cm幅90cm　● 接着芯5×15cm　● くるみボタン直径2.2cmを1個　● 刺しゅう用毛糸

作り方ポイント
マントの縫い代はジグザグミシンで押さえる。赤マントの裾のフリンジは切込みを入れる前にミシンを2本かけておく。縫い上がったら、あき止りからフード顔回りに毛糸でランニングステッチをし、裾にはクロスステッチをする。

㊺の裁合せ図
150cm幅
わ　後ろ
耳は白フエルトで別に2枚裁つ
2.5
耳
前
2.5
フード
3

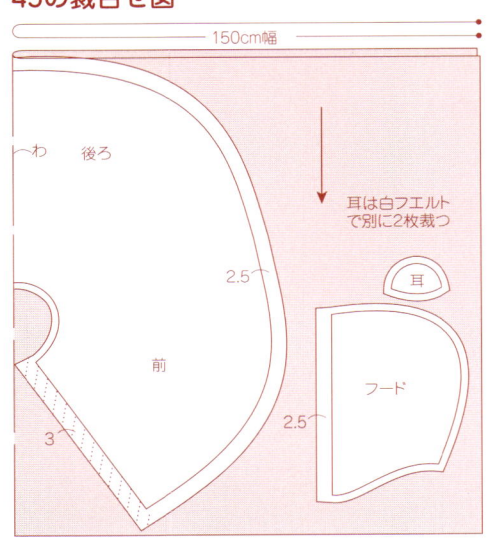

㊻の裁合せ図 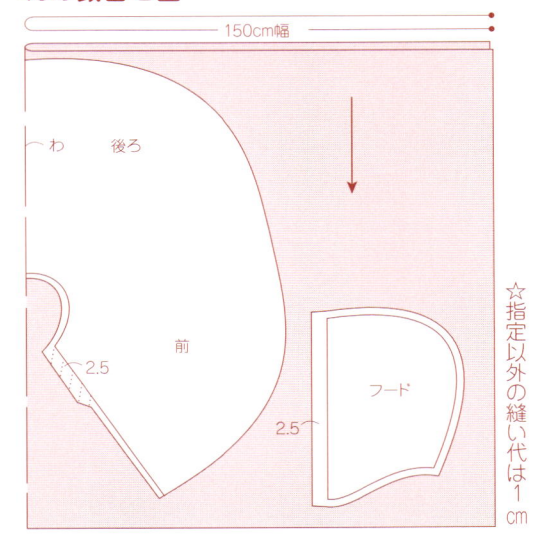
150cm幅
わ　後ろ
2.5
前
2.5
フード
☆指定以外の縫い代は1cm

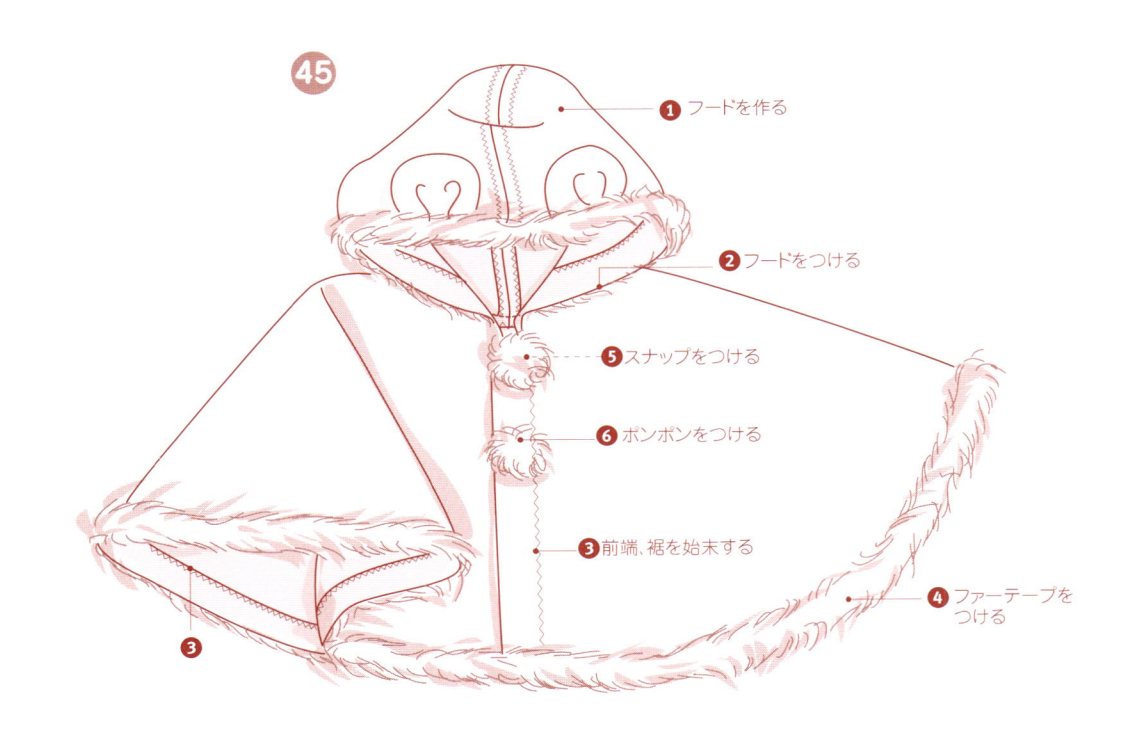

㊺
1 フードを作る
2 フードをつける
5 スナップをつける
6 ポンポンをつける
3 前端、裾を始末する
4 ファーテープをつける

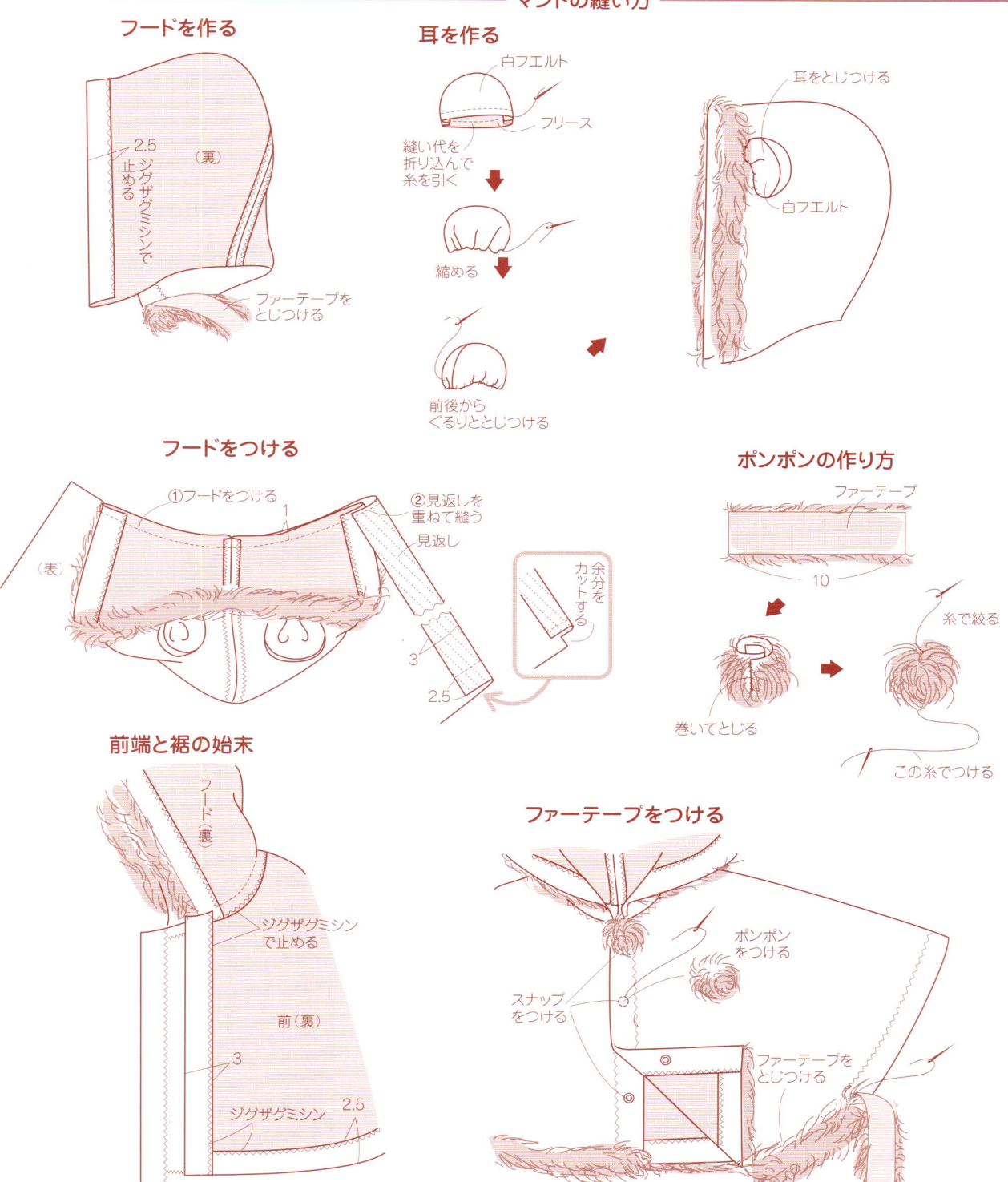

マントの縫い方

フードを作る

2.5 ジグザグミシンで止める
(裏)
ファーテープをとじつける

耳を作る

白フエルト
フリース
縫い代を折り込んで糸を引く
縮める
前後からぐるりととじつける

耳をとじつける
白フエルト

フードをつける

①フードをつける
②見返しを重ねて縫う
見返し
(表)
余分をカットする
3
2.5

ポンポンの作り方

ファーテープ
10
巻いてとじる
糸で絞る
この糸でつける

前端と裾の始末

フード(裏)
ジグザグミシンで止める
前(裏)
3
ジグザグミシン
2.5

ファーテープをつける

ポンポンをつける
スナップをつける
ファーテープをとじつける

㊻

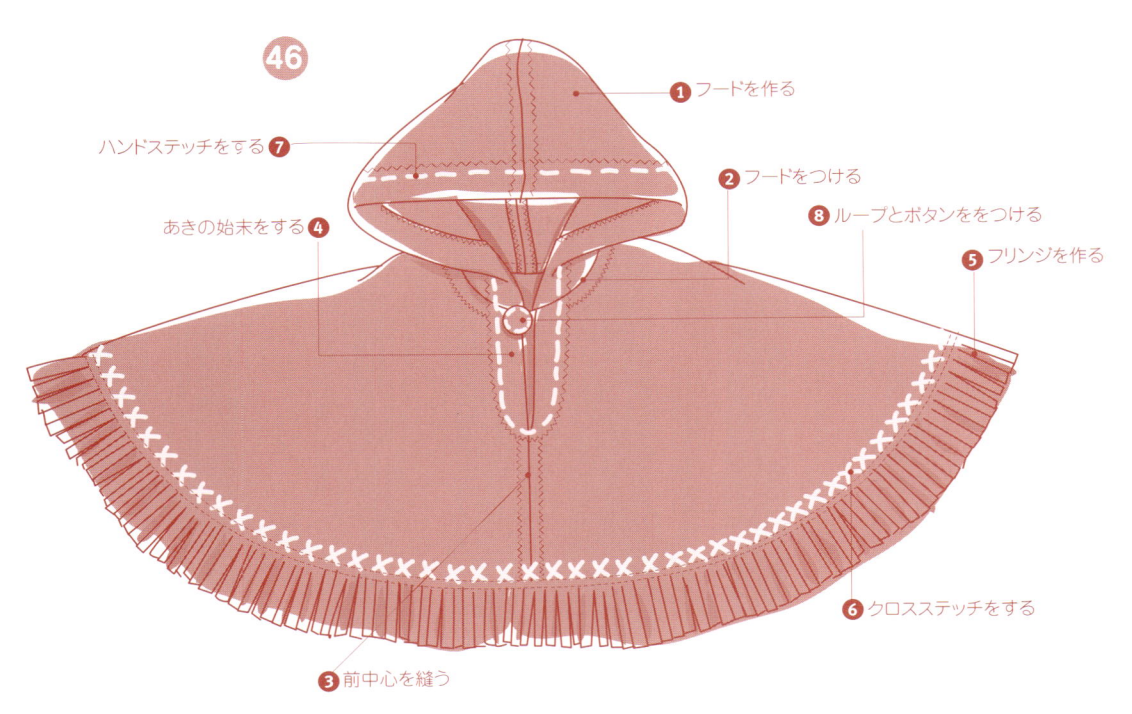

- ❶ フードを作る
- ❷ フードをつける
- ❸ 前中心を縫う
- ❹ あきの始末をする
- ❺ フリンジを作る
- ❻ クロスステッチをする
- ❼ ハンドステッチをする
- ❽ ループとボタンをつける

マントの縫い方

フードのつけ方
- ①フードをつける
- ②見返しを重ねて縫う

フリンジを作る
ミシンのきわまで切り込む

毛糸でステッチ
毛糸でクロスステッチ

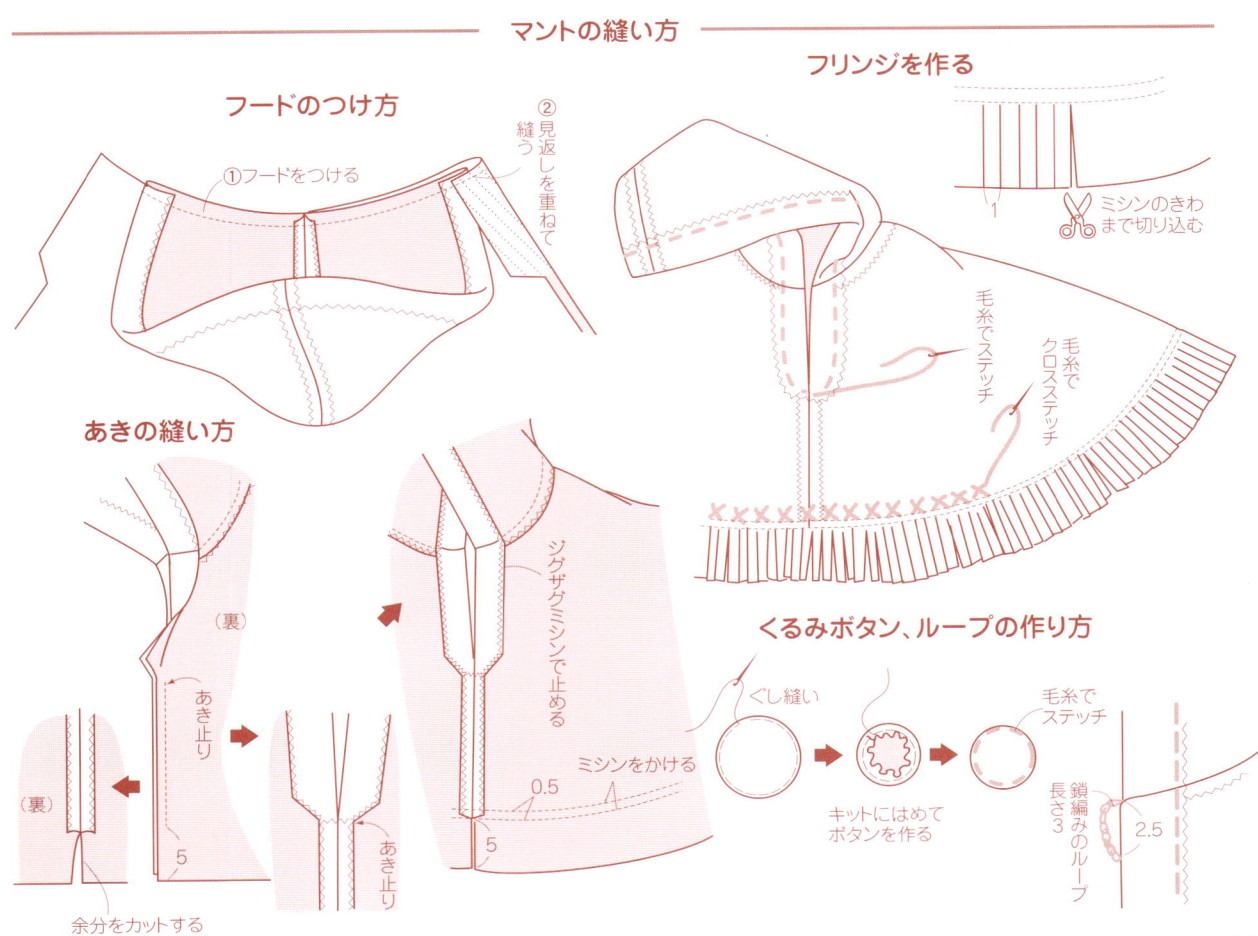

あきの縫い方
(裏) あき止り 余分をカットする
ジグザグミシンで止める
ミシンをかける
0.5
5 あき止り

くるみボタン、ループの作り方
ぐし縫い → キットにはめてボタンを作る → 毛糸でステッチ
鎖編みのループ 長さ3
2.5

47 48 スリーパー、バギーマット　28、29ページ

材料

47 スリーパー
- フリース150cm幅1m10cm ●茶色フェルト7×20cm
- 接着テープ1.5cm幅 ●デルリンファスナー38cmを1本 ●ロープ太さ0.5cmを2m ●ロープストッパー2個

48 バギーマット
- ワッフル地102cm幅1m40cm ●厚さ0.3cmのクッションシート100cm幅1m40cm ●茶色フェルト20×30cm ●黒フェルト10×10cm ●12コールのゴムテープ80cm ●マジックテープ2.5cm幅5cm

作り方ポイント

スリーパーのフリースは伸びやすい素材なので、ファスナーつけの縫い代とロープ通し口に必ず接着テープをはる。バギーマットの表布につけるクッションシートがない場合は厚手のキルト芯でもいい。

47

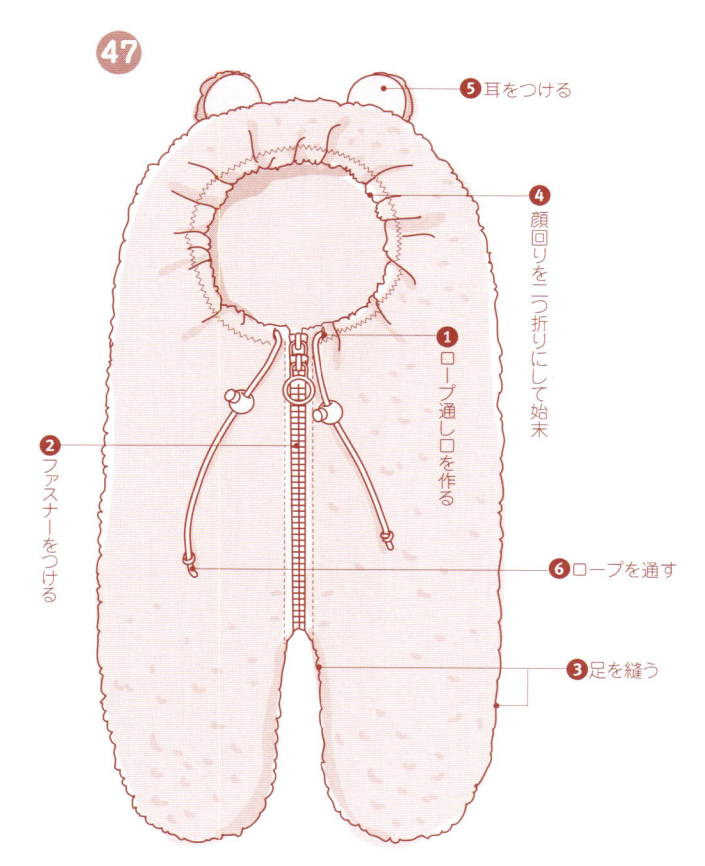

1. ファスナーをつける
2. ロープ通し口を作る
3. 足を縫う
4. 顔回りを二つ折りにして始末
5. 耳をつける
6. ロープを通す

47の裁合せ図

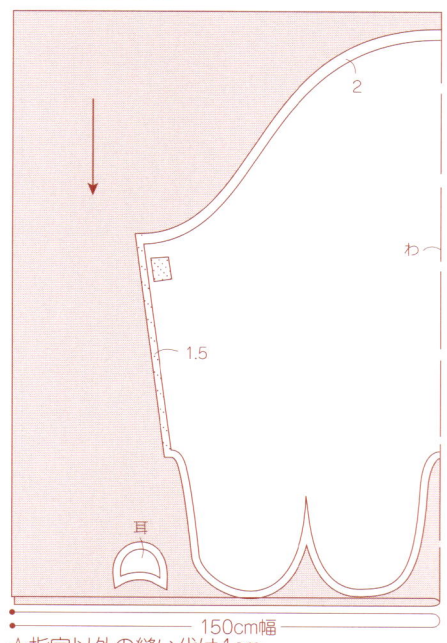

- わ
- 2
- 1.5
- 耳
- 150cm幅
- ☆指定以外の縫い代は1cm

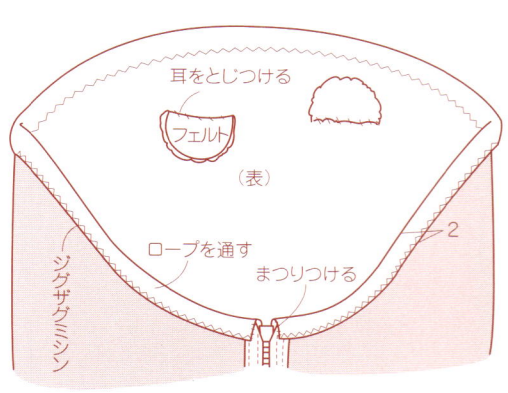

ロープ通し口の作り方

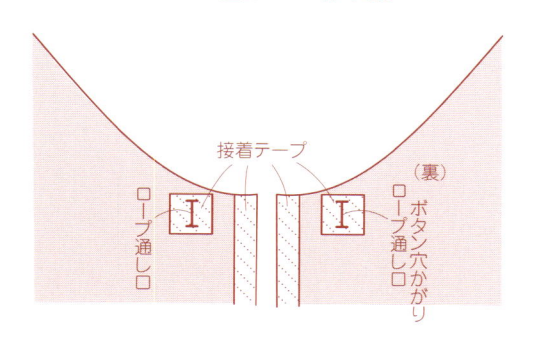

- 接着テープ
- ロープ通し
- （裏）
- ボタン穴かがり
- ロープ通し

まとめ方

- 耳をとじつける
- フェルト
- （表）
- ジグザグミシン
- ロープを通す
- まつりつける
- 2

80

足の縫い方

（裏）
合い印を合わせて縫う

ファスナーのつけ方

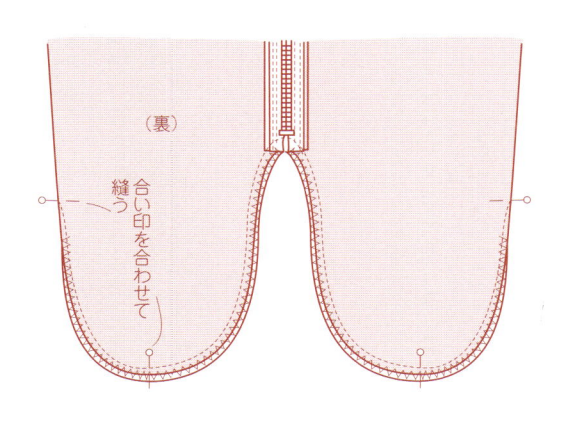

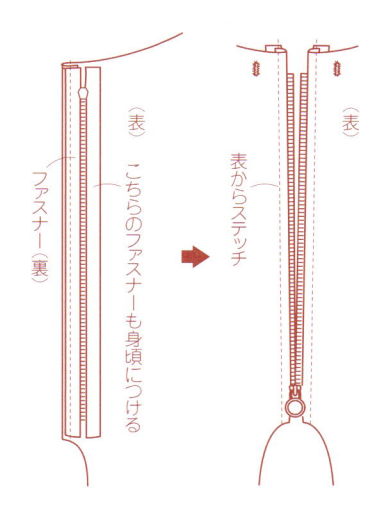

ファスナー（裏）
（表）
こちらのファスナーも身頃につける
（表）
表からステッチ

バギーマット

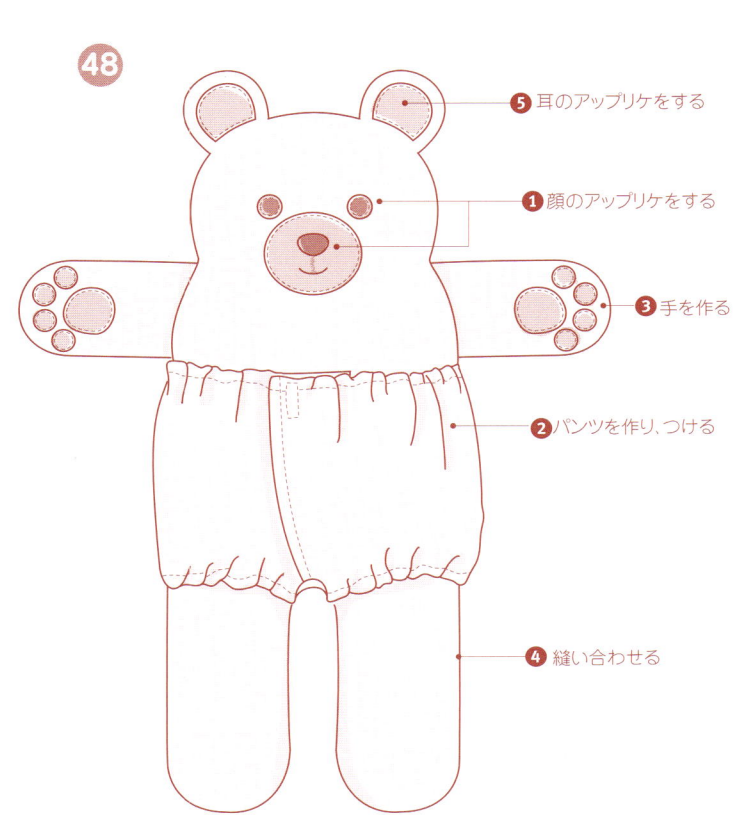

48

1. 顔のアップリケをする
2. パンツを作り、つける
3. 手を作る
4. 縫い合わせる
5. 耳のアップリケをする

48の裁合せ図

パンツ
2
2.5
2

胴体

わ 手
わ 手
わ 手
わ 手

102cm幅

☆指定以外の縫い代は1cm

顔のアップリケ

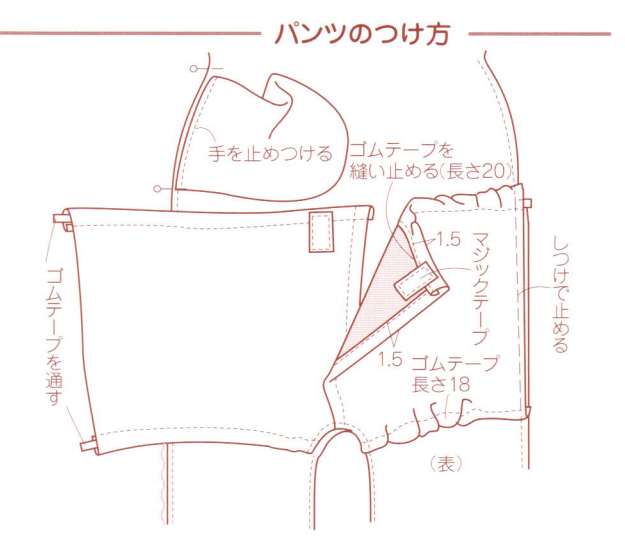

- クッションシート
- シートを縫いつける
- シートをつけてからアップリケする
- ジグザグミシン

パンツのつけ方

- 手を止めつける
- ゴムテープを縫い止める（長さ20）
- ゴムテープを通す
- マジックテープ
- 1.5
- 1.5
- ゴムテープ長さ18
- しつけで止める
- （表）

縫い合わせる

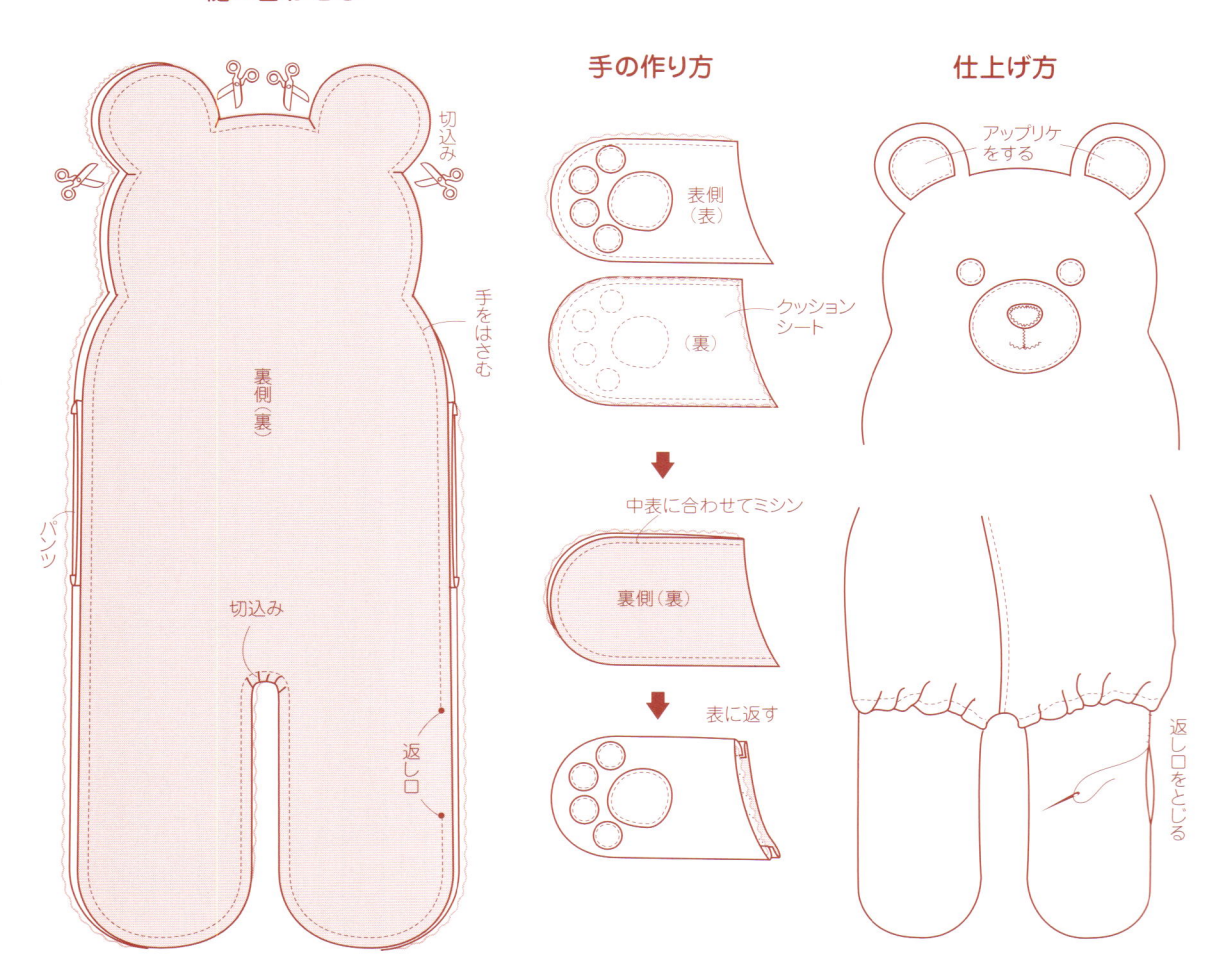

- 切込み
- 手をはさむ
- パンツ
- 裏側（裏）
- 切込み
- 返し口

手の作り方

- 表側（表）
- クッションシート
- （裏）
- 中表に合わせてミシン
- 裏側（裏）
- 表に返す

仕上げ方

- アップリケをする
- 返し口をとじる

9 49 50 かわいいスタイ　10、30ページ

材料

9 リボンのスタイ
- 白はち巣織り木綿50×25cm
- リボンつきテープ0.5cm幅50cm
- 花形ボタン直径0.8cmを1個

49 刺しゅうのスタイ
- クリーム色はち巣織り木綿50×25cm
- くま形ボタン1個
- 25番刺しゅう糸のピンク、黄色、ブルー、茶色、焦げ茶色、黒

50 お食事エプロン
- 裏ビニール加工タオル25×45cm
- アップリケ用チェック8×10cm
- 接着芯8×10cm
- チェックバイアステープ1.8cm幅
- 黒の力ボタン2個
- スナップボタン直径1.1cmを2組み
- マジックテープ2.5cm幅3cm
- 25番刺しゅう糸の焦げ茶色

作り方ポイント

49のスタイは50ページを参照してループを作る。刺しゅうは25番刺しゅう糸3本どりで刺す。

50のエプロンは表がタオル、裏がビニール加工がされた布を使用。手に入らない場合は、裏にナイロンタフタを当てて作るといい。アップリケの裏には接着芯をはる。

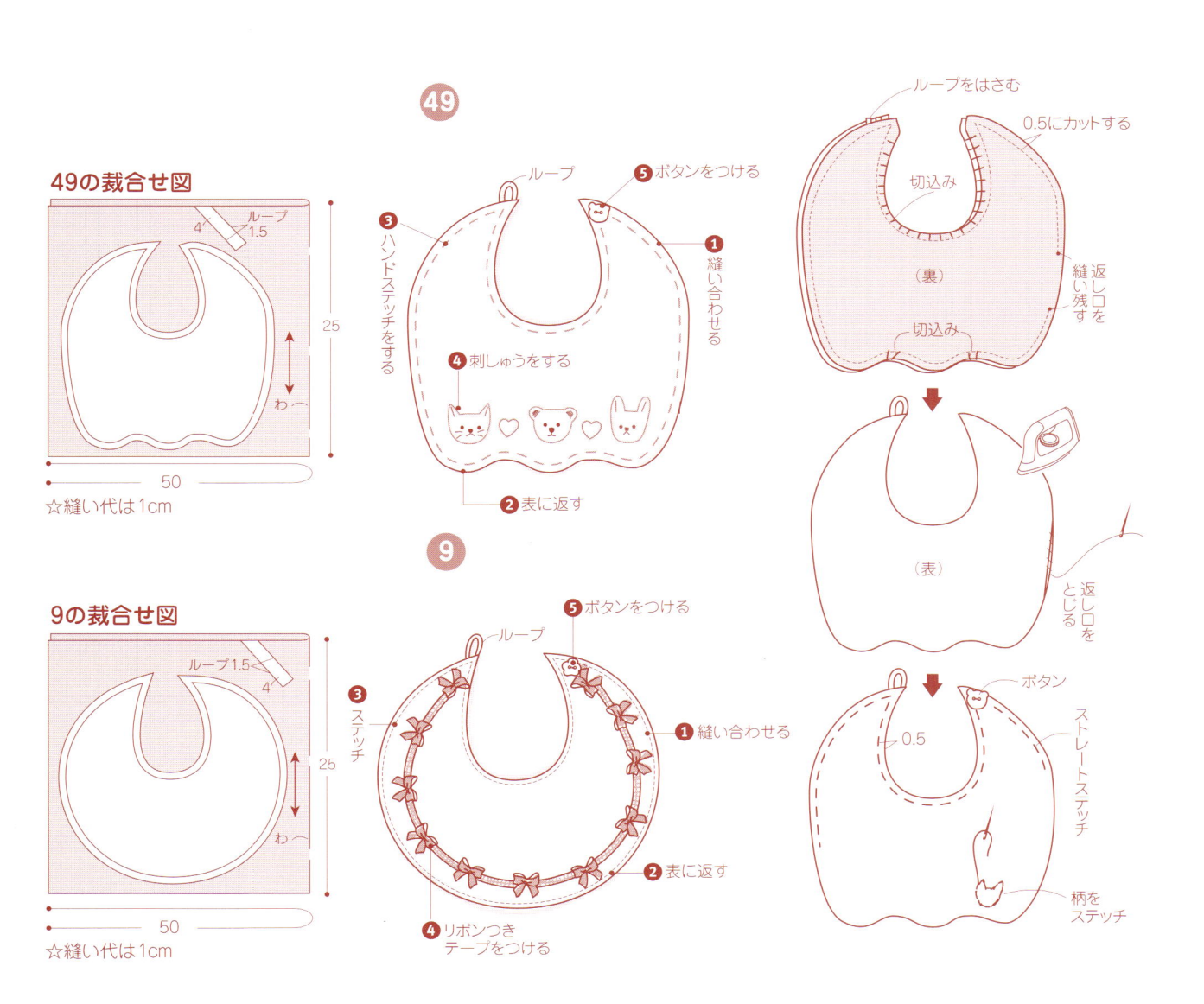

50の裁合せ図

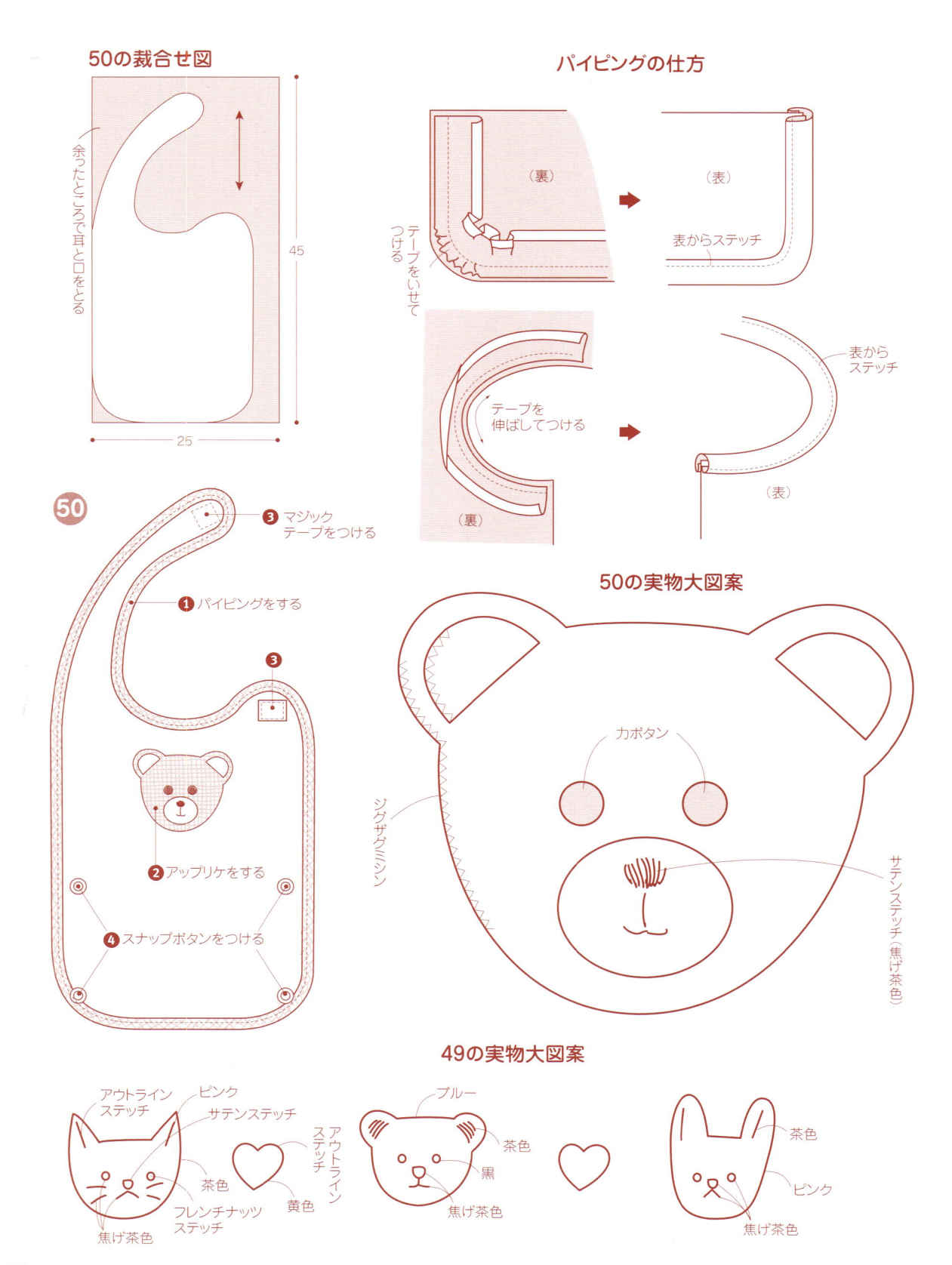

余ったところで耳と口をとる

45
25

パイピングの仕方

（裏）
テープをいせてつける
→
（表）
表からステッチ

テープを伸ばしてつける
（裏）
→
表からステッチ
（表）

50の実物大図案

カボタン
ジグザグミシン
サテンステッチ（焦げ茶色）

50
❸ マジックテープをつける
❶ パイピングをする
❸
❷ アップリケをする
❹ スナップボタンをつける

49の実物大図案

アウトラインステッチ
ピンク
サテンステッチ
茶色
フレンチナッツステッチ
焦げ茶色
黄色

ブルー
アウトラインステッチ
茶色
黒
焦げ茶色

茶色
ピンク
焦げ茶色

月居良子のSewing Book

愛情いっぱい
手作りの赤ちゃん服

あかちゃんの服、
てづくりの服

おんなのこの服、
てづくりの服

女の子の
よそいき着

楽しく学べる
おんなのこのためのための
服作りの基礎

手作りドレスで
ウェディング

かんたんに作れる、
一年中のはおりもの

月居良子のソーイングレシピ
作りながらマスターする、
ソーイングの基礎。

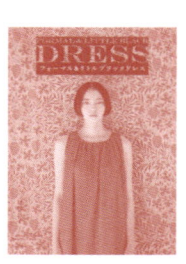

フォーマル&
リトルブラックドレス

Profile

月居良子
つきおりよしこ

手作り作家として、現在、最も活躍しているデザイナーの一人。
赤ちゃん服から婦人服、小物作りまで得意分野は広く、
様々な雑誌で作品を発表している。

装丁、レイアウト　岡山とも子
撮影　渡辺淑克
トレース　大楽里美、大森裕美子（day studio）
パターントレース　河島京子
編集協力　室野明代
テディベア製作　とりの　るみ

布地提供
有輪商店　大阪市中央区船越町1-5-4　tel.06-6947-6777
撮影協力
アップリカ　東京都中央区銀座2-6-12　tel.03-3535-0067
アンジェリコ　東京都目黒区自由が丘2-15-22　tel.03-5731-7196

愛しのベビーウェア
出産準備からよちよち歩きまで

2000年 4月30日　第 1 刷発行
2018年12月 7日　第31刷発行

著者　月居良子
発行者　大沼 淳
発行所　学校法人文化学園 文化出版局
〒151-8524　東京都渋谷区代々木3-22-1
tel.03-3299-2489（編集）tel.03-3299-2540（営業）
印刷・製本所　株式会社文化カラー印刷
©Yoshiko Tsukiori 2000　Printed in Japan
本書の写真、カット及び内容の無断転載を禁じます。

・本書のコピー、スキャン、デジタル化等の無断複製は著作権法上での例外を除き、禁じられています。
本書を代行業者等の第三者に依頼してスキャンやデジタル化することは、たとえ個人や家庭内での利用でも著作権法違反になります。
・本書で紹介した作品の全部または一部を商品化、複製頒布、及びコンクールなどの応募作品として出品することは禁じられています。
・撮影状況や印刷により、作品の色は実物と多少異なる場合があります。ご了承ください。

文化出版局のホームページ　http://books.bunka.ac.jp/